黃桂蘭著

吳嘉紀《陋軒詩》之研究

文史哲學集成

文史哲出版社印行

國立中央圖書館出版品預行編目資料

吳嘉紀《陋軒詩》之研究 / 黃桂蘭著. -- 初版
. -- 臺北市 : 文史哲, 民84
面 ; 公分. -- (文史哲學集成 ; 340)
參考書目:面
ISBN 957-547-935-1(平裝)

1. 吳嘉紀 - 作品集 - 評論

851.47 84002335

(340) 文史哲學集成

吳嘉紀《陋軒詩》之研究

著者：黃桂蘭
出版者：文史哲出版社
登記證字號：行政院新聞局局版臺業字五三三七號
發行人：彭正雄
發行所：文史哲出版社
印刷者：文史哲出版社
台北市羅斯福路一段七十二巷四號
郵撥〇五一二八八一二彭正雄帳戶
電話：三五一一〇二八

實價新台幣三六〇元

中華民國八十四年三月初版

ISBN 957-547-935-1

序

筆者近年來留意於明末清初社會詩的蒐集，遇有揭露社會問題的詩篇，輒隨手摘錄。其間發現明遺民吳嘉紀所寫之樂府歌行，頗能吐露心聲，反映疾苦，且題材罕見，風格特殊，遂萌生研究之興趣。明清易代之際，吳嘉紀窮處蘇北海隅，親眼目睹鹽民生活悲苦、官吏横暴、兵燹蹂躪及水患肆虐，因而將滿腔悲憤同情，化成血淚交迸的詩篇。

吳嘉紀爲布衣詩人，既無家業，亦無名位。一生飽受凍餒，深知貪窮滋味，頗能站在弱勢小民的立場，來理解他們，爲他們宣洩不平。清初文獄厲行，爲免文字賈禍，人多噤不敢言。吳嘉紀《陋軒詩》，卻大膽而忠實的記錄當時社會的動態，爲歷史留下可貴的見證。

吳嘉紀在世時，雖經王士禎、周亮工譽揚，一度詩名大噪。然因終生未著仕籍，死後子孫又不顯，三百年來其書若存若亡，詩名亦時顯時晦。本地清初詩學研究，多重顧炎武、錢謙益、吳梅村等大家，或次及屈大均、施閏章、宋琬諸人，幾乎不見有關吳嘉紀的論著。大陸地區，六〇年左右及八〇年代，在蘇籍人士熱心鄉邦文獻的帶動下，有一些論著，此外亦沈寂無聞。

吳嘉紀以詩爲史，在清初詩壇應有其一定之地位，不應被遺忘埋沒。茲編論述，共分七章：第一章考其家世、生平，以了解其一生大略行誼；第二章考其性情、喜好，以探究其生活模式；第三章考其交遊，追尋其與友人周旋進退間之互動；第四章論其詩歌創作，分析其所處之時代背景與創作環境，並敘述《陋軒詩集》的刊刻及流傳；第五章論析其詩歌內容，就《陋軒詩集》分門別類，剖析其內涵；第六章論其詩歌藝術，就外在風格及內在技巧加以研究；第七章論其詩歌地位及評價，引前人正反兩面評價，加以論列評析。筆者學殖荒疏，舛漏罣誤，自知不免，尚祈博雅君子，有以教之。

中華民國八十四年元月　**黃桂蘭**　謹識

吳嘉紀《陋軒詩》之研究 目錄

緒論

吳嘉紀，明末泰州東陶（今江蘇東臺縣安豐鎭）人。祖父吳鳳儀，授學里中；父吳一輔，亦篤學之士。嘉紀年少時，習舉子業，曾獲州試第一。

明亡後，嘉紀拋棄舉業，不談仕進。蝸居「陋軒」，專工爲詩。其詩集名爲《陋軒詩》，蓋取固守貧賤之寓意。嘉紀賦性狷介，不諧於俗，又不能治生，一生與貧困爲伍。

東淘一名安豐，爲淮南鹽區重要的鹽場。其地濱海，居民多以煮鹽爲業。嘉紀雖不是鹽丁，仍需買辦鹽課，以購鹽來繳稅。由於長期與下層民衆民衆接觸，深入了解勞苦百姓的心聲，有悲苦與共的感受。

他本有心濟世，儒家以天下爲己任的襟懷，是他遠大的抱負。但異族入侵，使他希望破滅。他拒仕新朝，卻常不忘傳統士子澤惠蒼生的責任。他曾感慨的說：「管樂成虛願，荊高非我儔」（註一）、「平生猛氣向誰陳，擊筑高歌意未伸」（註二）、「壯心誰謂平，利器猶在手」（註三）。黃周星投水而死時，他嗟歎「出不可，處不可」（註四），這六個字也正是他心境的寫照。他的後半生，在出世、入世之間掙扎，心境時而飛揚、時而低沉；時而清曠，時而鬱悒。

明亡後，他以詩酒爲寄，藉此安頓身心。疏散、慵懶，是他未能積極用世的逆向反彈。嘉紀身體羸弱，卻耽溺于酒，酒可以模糊往事，可以得到舒放。痛飲酣醉之後，從情感豐沛的內心世界，透視人生世態，有陶潛的淡泊，亦有杜甫的沉鬱。

他常自稱「腐儒」，雖語含鄙薄，卻是以儒家思想爲出發，充滿人道關懷，爲苦難時代的人們抱不平。身處移祚滄桑，除身心凍餓煎熬，還須面對烽火兵戈、貪官濆吏、苛捐重賦、徭役徵調及隨時可吞噬生命的海潮水患。

嘉紀長於樂府歌行，以樸直、生動的語言，表達激切的感情。體製上，雖追隨漢魏，繼承盛唐，但不在一字一句的摹仿，而是感於哀樂，即事寫情；運用各種形式，變化自如，在參差不齊的長短句法中，表現獨特的風格。他的詩以白描取勝，不假雕飾，大膽而直截的揭露社會的黑暗面。他的一生充滿悲劇色彩，對人生有深廣而細緻的體驗。他感情濃烈，觀察敏銳，在飽經憂患後，仍保有一份詩人的「眞」，不像貴族文人，隔著一段距離來看當時的社會。他置身於低層民衆的生活中，飽嚐鹽官富賈的欺凌，心中雜揉著憤怒、憐憫、不齒與無奈。他是民衆的代言人，爲他們宣洩了不爲人知的心聲。

吳嘉紀的詩，孤冷自成一家，無半點朝市煙火氣。王士禎說他的詩「古澹高寒」（註五），汪懋麟說他「工爲嚴冷危苦之詞」（註六），林昌彝說他的詩是「天籟」（註七），不論如何，他的詩字字吐自肺腑，是血淚交織的詩史，在清初詩壇上有其不可磨滅的地位。

【附註】

註 一：〈哭劉業師〉之二，〈陋軒詩集〉卷二，頁三二六。本篇引據之《陋軒詩集》（正文中或簡稱《詩集》，以下附註均簡稱爲《詩集》），爲道光庚子重校泰州夏氏藏版，台北：文海出版社，民國五十五年影印本。

註 二：〈舟中贈王于蕃〉之四，《詩集》卷十，頁五五三。

註 三：〈雜述〉之二，《詩集》卷一，頁三九。

註 四：〈嗟老翁〉，《詩集》卷十，頁五七八。

註 五：〈陋軒詩序〉，《詩集》，頁九。

註 六：〈吳處士墓誌〉，附《陋軒詩續》前，《詩集》，頁七一〇。

註 七：林氏云：「泰州吳野人詩，純是天籟，隨手拈來，都成妙諦。」，見《海天琴思錄》卷三，頁七六。同書又云：「（吳嘉紀）所爲詩，老辣嚴畏，有薑桂之氣，然出於天籟，不待作爲。」見卷四，頁九七。

第一章　吳嘉紀的家世與生平

吳嘉紀，字賓賢，號野人，泰州東淘人。生於明萬曆四十六年（一六一八），卒於清康熙二十三年（一六八四），年六十七歲。

吳嘉紀雖列名《清史稿・文苑傳》（註一），但一生不著仕籍，沒有名位；身後子孫又無聞，有關他家世、生平的記載不多。由於史傳難徵，只得參酌地方志乘、時人詩文集及其自身所作詩篇，從而勾勒其一生梗概。

關於他的出身，衆說紛紜。道光《泰州志》卷二十六〈隱逸傳〉云：「其先世灶戶也」，因此有人說他是鹽丁出身（註二），坊間一些清詩選本的作者介紹，大多作如是說。有的人認爲他的祖上做過官，出身於官僚家庭（註三）。蔡觀明《吳嘉紀年譜》認爲：吳嘉紀本身不是鹽民，灶戶不必全家都是煎丁，因爲煎丁有定額。嘉紀祖上傳下來的灶丁名籍，只有叔兄嘉經的兒子擔當，而實際上鹽課由各房分任。

以上三種說法，以蔡觀明的論點較爲可從。吳嘉紀的三世祖、四世祖、七世祖都曾做過小官，他的祖父是個授學里中的儒者，家中蓄有產業並富藏書，所以並非貧苦鹽民出身。他家中的灶籍並不煎鹽，而是用價買辦鹽課，所以姪子才會爲了逋場稅，被州吏所搒掠，他自己也曾爲了逋鹽錢逃至六灶河（註四）。

第一節　家　世

一、父　祖

吳嘉紀的祖上，曾出過幾個爲官的人物，雖然不是什麼大官，但可證明他家並非世代煎鹽。

三世祖吳謙，字撝軒。原籍蘇州，宋季，其祖休徙安豐。幼讀書有智略，工騎射，元成宗朝，以文武全才，舉爲兵馬都轄。〈傷哉行〉之二：「落葉向故根，吾祖塋在前」，其下注云「三世祖謙公墓」。（註五）

四世祖顯卿公，仕元爲提舉，至正間，棄官歸，隱新豐團，蠲街恤鄰，爲里人敬重。〈東淘雜詠十首〉之三〈竹園〉，詩題下注云「紀四世祖顯卿公墓上竹也」（註六）。

七世祖吳汝寧，洪武初，伯兄汝陽爲蔡權鹽法事，應例，戍雲南烏撒衛軍。越六年歸里，心憚遠行，汝寧慷慨以弟代兄役赴衛，行至黃陵廟，遇風覆舟溺水死。《詩集》卷五〈寧四公詩〉，序云「紀七世族祖寧四公」（註七）。

祖父吳鳳儀，字守來，號海居，泰州庠生。少從王艮遊，精研明理。老年授學里中，後進弟子，多所成就。

父吳一輔。守來生五子，俱能學，五子一輔爲尤篤。（註八）

吳嘉紀的父親極少出現在他的詩篇中，僅在〈七歌〉之一，有這樣的記述：「嗟哉我父逝不還，一棺常寄他人田」，「父在曠野兒在室，淚眼望望終何益！北邙土貴黃金少，毛髮鬖鬖兒已老；世人賤老更羞貧，寸草有心向誰道？」（註九）父親謝世後，無力舉葬，棺櫬暫厝他人田隴，吳嘉紀頗爲自責。

母親也甚少出現在他的詩篇中，〈七歌〉之二有幾句短短的描述，令人十分動容：「我昔抱疴母在時，千里就醫不相離，謂兒形容一何瘦，涕洟落入手中糜。只今災荒生計拙，茆檐臥病對風雪，昔日食中母淚多，今日病裡晨炊絕」（註一〇）母親憂心兒子形容消瘦，不自覺的，淚水掉入正在餵食的粥中。雖然著墨不多，卻讓人深深感動。

二、兄　長

仲兄嘉紳，錯買他人田地，索逋催科之人終日不斷。其後土地售予他人，田籍名字仍未更改，六十老翁還被吏胥徵去服徭役。〈七歌〉之四：「仲兄垂老更多疾，歲儉門衰千慮集；黃金錯買里人田，白頭難覓忘憂術。幾人索逋幾催科，中庭雜沓無虛日。」（註一一）〈後七歌〉之三：「六十老兄仰天泣，田疇他人名在籍；吏胥呼去應徭役，長跪告免免不得。」（註一二）叔兄嘉經，甲申歲夜行閭里，被惡少椎擊喪命，易代後，沉冤未雪。〈辛亥孟夏二十八日，三兄嘉經歸葬東淘〉云：「嗚呼甲申歲，兄禍生倉卒。身飽強橫手，命盡少壯日」（註一三）。

四兄賓國，少壯時尚勇好劍，亦喜彈琴。後棄去爲樵牧，一人獨宿，棲廢宅中。〈呈四兄賓國〉云：「少年兄尚勇，壯亦悅聲音；床頭掛古劍，席上橫清琴」，「曩時慕雲霄，棄去爲樵收」（註一四）〈七歌〉之四：「寒鴉偏叫四兄室，四十獨宿到五十」（註一五）。

嘉紀共有四位兄長，他排行第五，所以汪舟次稱他「吳五賓賢」，就像舟次行二，吳嘉紀在詩中常稱他「汪二」。仲兄以下，三位兄長的名字及事蹟均曾在詩篇中出現，唯獨不見伯兄的名字，其事蹟亦止在〈七歌〉之三中一筆帶過：「叔兄昏夜行閭里，突遇惡少椎擊死。前代之冤今不理，嗚呼伯兄慟不起！」（註一六）

三、姊　妹

嘉紀還有一姊一妹。姊姊嫁給同里的袁漢儒，袁漢儒習章句、樂吟咏，爲人講義氣，熱心扶持鄰里。〈大姊沒百日矣，詩以哭之〉云：「姊丈習章句，高情輕腐儒。里閭值顚危，往往起相伏」。姊姊嫁過去後，辛苦操持家務，盡心事奉翁姑，並靠著績紝買下薄田。正想享受晚年時，不料驟然去世。同詩又云「操持五十年，精血透井臼。翁齋手烹蔬，姑病手濯垢；二人養已終，績紝買田畝。屋角稨豆花，門牆竹與柳。晚景將優游，誰知骨遽朽！」姊姊對他頗為了解，也對他期許甚高，詩末云「願弟為詞人，願弟為烈士。不類屈原嬃，不慚聶政姊」。（註一七）

妹妹嫁給同里的周正冕，二十七歲夫死，三個月後遺腹子出生。家貧，賴紝績度日，晝夜不少息。積勞成疾，臥病三年而卒。〈七歌〉之五：「夫沒三月兒出腹，我妹心苦無人告。四體饑困不得乳，兒哭母哭聲滿屋。紝績一日得十錢，手作口哺到三年」（註一八）。

早寡的妹妹，艱辛撫孤，終究抵不過生活的煎熬，先他而去，〈哭妹〉詩云：

百年各有盡，勞者身先朽。吾妹是窮民，何嘗願老壽？委化蝸舍中，乳鴉啼門柳。人間送死具，傷哉十缺九！宿昔親故稀，霜雪凍窗牖；紡績撫遺孤，饑寒為寡婦。孤兒未成人，中道失慈母。往時餅與餌，今日不在手。

前日欲出遊，臨行妹致辭；淚滴咽喉瘖，意說永別離。悲風從天來，摧折庭樹枝。骨肉死亡至，我行將委誰？不行鉼桁空，兒女號寒饑。躑躅未終日，此意妹已知。蒼惶就下泉，及我在家時。

（註一九）

四、妻子

吳嘉紀二十一歲娶妻，吳妻姓王名睿，字智長。婚後不數年，明都傾覆，山河變色。〈哭妻王氏〉之四云「結褵無幾時，家國丁喪亂」。戰火再加水患，夫妻倆藜藿粗糲，日無飽餐。王氏非但不抱怨，反以志節相激勵，「兵燹同閱歷，容顏各凋換。願言惡衣食，暮齒足昏旦。誰知淮南田，歲歲水漫漶。……猶恐我志遷，固窮爲我言：高義歸夫子，飢寒死不怨」（註二〇）

貧困的日子中，吳妻親自灑掃炊煮，偷懶的婢僕反而比她晏起。〈哭妻王氏〉之五：「蠢僕徐徐起，怒視甑上塵。掃除頗不煩，門巷苔蘚新」「炊熟鄰嫗來，令我老婢嗔」。家室寒儉，有時客人來了，就典當衣珥準備酒菜，總讓賓客盡歡而去。〈哭妻王氏〉之六「儉室鮮宿儲，驚聞客遠顧；黽勉一倒屣，低顏澀言語。……槃罌出意外，精食兼清酤。周旋成主賓，霑被及僕御。……平生衣與珥，半作留賓具」。她是如此的溫厚、善體人意。此外，她還有一顆仁慈的心：「釜餘己所餐，舉手授鄰人。借問何爲爾？人飽甚于己。」在收成荒歉的年頭，她尙能分食於人，有「人飽甚于己」的情懷。所以吳妻逝世的時候，鄰里同聲哀悼——「請看謝世日，哭聲滿桑梓」（註二一）。

王睿的父親王三重，是個耕讀的窮儒，「十年力田九不穫，晚歲偃息甥之廬，廬中過日有書帙」（註二二），受到家學的影響，王睿也喜歡詩詞，是嘉紀的知音。〈哭妻王氏〉之三云「相對攄性情，詎云慕騷雅。閨房有賞識，不歎知音寡」（註二三）。王氏著有《陋軒詞》，惜已散佚。《衆香詞》收錄她的〈卜算子〉、〈清平樂〉兩首小令。茲引〈卜算子——秋夜寄外〉一詞如下：

風急雁書空，露冷蛩吟户。莫道秋來便可憐，有恨憑誰訴？記起意中情，惹卻心頭苦；咒得銀河不肯明，坐到三更鼓。（註二四）

由詞中，可以想見嘉紀夫妻情深、琴瑟相和的情景。

除了吟詩作詞，夫妻倆也頗懂得生活情趣。種梅、賞菊、品茗是他們相同的嗜好。〈哭妻王氏〉之七：「我本荷鋤者，谿中種梅花……猶記大雪夜，幾樹花婆娑；香醪斟已盡，子爲我煎茶」（註二五），同詩之八：「居處絕車馬，籬菊爲我客。……栽種有同心，泣下思疇昔。花開重陽日，風雨移入宅……秋氣涼夫妻，毛髮滿頭白。相與坐花中，從朝至暮夕」（註二六）。

吳嘉紀早歲爲生計奔波，頻年飢驅道路。有一對燕子築巢陋軒十年，某年春適嘉紀在家，値雙燕歸來，王氏顧之色喜，乞嘉紀賦詩紀之。詩中有「年年此時驢馬嘶，閨中顏色獨顑頷，與郎離別范公堤」、「簷際春梅又發花，郎君今歲未離家，匹偶但得長如爾，不妨相對鬢毛華」等語。（註二七）癸亥（康熙二十二年）春，雌燕死，雄燕悲語空梁。仲冬，吳妻奄然棄世，嘉紀悲哀逾恆，〈哭妻王氏〉之九云：

> 雄燕朝銜泥，雌燕暮銜泥；顚毛稍稍禿，雙影依依偕。恩勤久不勌，類我老夫妻。題詩思昨日，夫東婦坐西，不厭生計苦，但求耄年諧。風光猶似昨，梁上倏孤栖。（註二八）

王氏適吳四十五年，嘗願先吳而死，嘉紀問其故，曰：「冀得君挽詩耳！」〈哭妻王氏〉詩前序曰：「今子死，余哭子有詩。涕泗之時，詩愧不工，然子願酬矣！嗚呼！子願獲酬，余悲可勝言哉！」（註二九）王氏的心願達成了，卻留給嘉紀無盡的悲痛，次年他也追隨愛妻於地下。

五、子　孫

吳嘉紀育有三子，大兒珂，次兒瑟，小兒驄。〈後七歌〉之五：「阿珂阿瑟采蒿藜，阿驄相攜在丘阪，提筐日午歸作食，一日一食天難晚。饑腸欲斷人不知，共啓柴門望爺返」（註三〇）〈送瑤兒〉序云：「瑤兒，余長子大年也。丙辰孟冬，病歿里中」（註三一），丙辰爲康熙十五年，高年喪子，對吳嘉紀而言是一大打擊。阿珂、瑤兒、大年，當是乳名、譜名之別，稱呼有異。汪懋麟〈吳處士墓誌〉云「處士生數子，皆不學，或舂賃無以自資」（註三二），是以嘉紀子嗣皆庸碌無所成就。晚年吳嘉紀還要辛苦的撫養孤孫，〈堤決詩〉之五：「暮年辛苦飼孤孫，黃口命倚白頭存，餅餌斷絕已兩日，水中走來抱我膝。」（註三三）《東臺文徵》輯有張景宗撰《吳野人先生墓碑記》云：「乾隆丁亥年，余分司泰州，弔先生之墓……余姪廷炳官安豐大使時，訪先生孫某，斂錢爲婚，以延先生之嗣。」（註三四）一代詩人身後淒涼如此，令人不勝唏噓！

第二節　生　平

一、少年時期

吳嘉紀少年時期的生活，頗乏資料可考。他的詩作入《陋軒詩集》的最早一篇是〈庚寅除夕〉，庚寅是順治七年，那時他已三十三歲。清季東台學者袁承業撰《王心齋弟子師承表》，說他「幼負異姿，成童時，習舉業，操觚立就，見地迥出人意表。州試第一。」（註三五）所以他曾經習舉子業，準備應試。明亡前，參加州試，獲得第一。

二、盛年時期

崇禎十年，吳嘉紀二十歲，從名儒劉則鳴學，則鳴是他祖父吳鳳儀的學生。〈喜劉師移家淘上〉云「憶昔青毡坐此鄉，數十弟子同一堂」，「其時我年方弱冠，如航巨壑初得岸」（註三六）。年輕時，他懷有滿腔雄心壯志，想一展抱負。

不久，明社覆滅，一切轉眼成空。〈喜劉師移家淘上〉又云：「業成慷慨出衡門，海內誰知遭喪亂，江山非舊各酸辛，浮雲富貴讓他人」（註三七），從此他拋棄了舉業，抗節不試。

鼎革之際，烽煙四起，家中的產業在戰爭中破敗了。〈晒書日作〉云「十年戎馬鬥中原，產破無聊歸蓽門」（註三八）。爲了維持生計，在好友的資助下，出外販薪糴麥，謀食他鄉。〈哭吳雨臣〉云：「壬辰（順治九年）歲云凶，盡室命如縷。君解囊中金，趣我出彷賈。販薪白駒場，糴麥青江浦」（註三九）。長年奔波在外，無法與家人團聚，每遇佳節，更是想念妻小。〈五月初四夜〉云「令節我何嘆，頻年天一涯」，「夢中身在家，幼兒依阿母」（註四〇）；〈渡江〉云「終歲唯行役，荒江幾問津」（註四一）；〈哭妻王氏〉之七云「始悔盛年時，餬口日奔逐」（註四二）。

他不善行賈，曾說「行賈小人事，心力殫錙銖」（註四三），又因思念家人，最後還是返回故里了。

嘉紀曾坐過館，教過學生。可能時間很短，《詩集》裡，沒有任何線索可尋。汪楫《悔齋詩》有〈聞吳埜人就館角斜卻寄〉詩，詩云「老友不得意，擔簦走角斜。片氊初作客，一歲幾還家。」（註四四）有關他坐館授徒的另一記載，見諸吳德旋《初月樓聞見錄》：「野人授經里門，時時以所得金濟其兄，自食恆不給，而恬然安之。」（註四五）

他也開設過碾坊，爲人碾稻營生。《詩集》卷二有〈碾傭歌〉，詩前短序：「殘夜不寐，聞傭者鞭牛碾稻，咿嗚而歌，陋叟爲衍其義。」詩中云「不見蓬蒿深巷中，主人昨暮炊無食」，又云「不見隸催碾餉急，主人三日不迎賓」（註四六）可見他受生活的煎迫。孫枝蔚有〈過吳賓賢陋軒因題碾坊一絕〉，詩云「伯鸞不道賃舂苦，元亮偏因看菊忙；能兼二子惟吾友，菊在東籬稻在場。」（註四七）

他曾受知於地方管鹽務的長官，但並沒有藉此攀附以改善生活；孤狷的個性，使他自甘窮餓。陳鼎《留溪外傳》云：

> 東淘蓋舊有鹺運分司使署，一使者至，詢左右：「此間有能文士否？」屬對曰：「某不識何者爲能文士也！第見破屋中，有手一編，終日向之絮語；忽作數十字，自以爲得意，或者其是乎？」使者急召之，不至；數召，數辭去。使者大駭曰：「此固賢者，烏可召？」乃造廬頓首請見，見者大悅，以爲眞能文士，固無出其右者。（註四八）

順治十八年，他見到周亮工；康熙二年，得識詩壇泰斗王士禎，先後受到二人的延譽稱揚，詩名因而大噪。但他也沒有夤緣攀進，求取富貴，依舊在破敗的「陋軒」中，過著苦吟的日子。汪懋麟〈

陋軒詩序〉云：「先生名雖聞於時，身處海濱，自甘窮寂，不肯託迹於終南、嵩少，爲釣名寓[illegible]……（註四九）

他不善治生，性又疏散，兵燹、水旱過後，生活益形困頓。「陋軒」年久失修，幾近坍塌。〈吾廬〉詩云：「吾廬清谿中，年久半傾圮。圮者不復問，存者還欲倚」（註五〇）〈破屋詩〉更是把「陋軒」的窘態描繪得畢露無遺：

> 壁老土柔力漸微，或傾或側紛狼藉。野貍黠鼠恣來往，青天色冷接床席。妻子常驚瓦礫聲，勸吾修葺苦逼迫。昨夜雨歇天作霜，烈風怒號落吾宅。宅舍壓倒存一半，其下兒女聲唶唶。倉卒提攜出戶來，草中坐待朝日白。（註五一）

陋軒殘破不堪，屋頂的瓦礫經常掉落，妻子幾次苦勸他趕快修葺。果然，一夜狂風就把屋子吹垮了，倉猝中把孩子接了出來，一家人在屋外的草地上坐待天明。

三、晚年時期

晚年，他體衰力微，日子越發不好過。〈僻壤〉詩云「老去謀生拙，時危作客難」（註五二），汪懋麟〈墓誌〉說他「晚年善病，或並日一食，不以告人，里人不知也。」（註五三）。他曾經想勉力躬耕，無奈體力不濟，又不諳稼穡，〈九日同夏五作〉之一云「年衰初學稼，霜降未成衣」（註五四）全家二十幾口人，等著米下鍋，可是他一點辦法也沒有，同詩之二又云「吾家二十口，溝壑正關情」（註五五）。

他的幾個好友，曾在他衣食無著的時候，周濟過他。〈得周僉憲青州書〉云：「故人青州宦，清貧食無魚。相憶三千里，冰霜寄尺書。付書意如何？分我以俸錢。攜歸盡糴米，妻兒過凶年。」（註五六）周亮工與嘉紀相知甚深，常寄錢接濟他。汪舟次遠遊豫章，也寄錢給他，〈懷汪二〉之二云：「疾疢雖為蘇，朝食乏薇蕨。山川一千里，當誰尋汝說？詎意同心人，離居肺肝熱。青錢寄來時，海天正風雪。」（註五七）汪季角也常有贈遺，〈送汪叔定〉之三云「祿米頻年分寄遠，不曾飢倒采薇人」（註五八）。朔風乍起，易於生寒，郝羽吉遙寄棉布一束，讓他感激不已，〈郝羽吉寄宛陵棉布〉云：「淘上老人心悽悽，無衣歲暮嬌兒啼……我友何繇知此情？遙寄宛陵布一束」（註五九），「淘上老人」，嘉紀自謂。

但朋友只能救一時之急，不能長期救窮。由於不善營生，再加家中食指浩繁，所以依然過著衣食不繼的日子，〈渡揚子〉之二云「歲晏無衣食，奔走悲中腸……中峰定憐我，齒落髮盡蒼」（註六〇），〈後七歌〉之六云「貧窶屢遭鄰里厭，故園躑躅如他鄉。他鄉友生意偏厚，哀我食我殊難忘」（註六一）。晚年他過著瓶桁屢空的生活，破屋也無力修復。〈新寒〉詩云：「白髮病夫鐺火絕，蒼苔頹屋穿庭圍。罇罍誰給三升醞？妻子同懸百結衣。」（註六二）寒風蕭瑟中，傾頹的敗屋中，躺著一個白髮病夫，這情景也夠悽涼的了！

吳嘉紀自幼身體羸尫，患有肺癆，〈晒書日作〉云「弱齡多病嗜詩書，藥裡書帙盈篋笥」（註六

註五〇：《詩集》卷一，頁三七。

註五一：《詩集》卷二，頁九七至九八。

註五二：《詩集》卷一，頁四四。

註五三：《詩集》，頁七〇九。

註五四：《詩集》卷七，頁三九二。

註五五：《詩集》卷七，頁三九三。

註五六：《詩集》卷二，頁一〇四。

註五七：《詩集》卷四，頁二三五。

註五八：《詩集》卷十二，頁六九一。

註五九：《詩集》卷一，頁五九。

註六〇：《詩集》卷三，頁二〇〇。

註六一：楊積慶：《吳嘉紀詩箋校》，卷十五，頁四四六。

註六二：《陋軒詩續》卷下，《詩集》頁七八七至七八八。

註六三：《詩集》卷三，頁一八五。

註六四：《詩集》卷一，頁八八。

註六五：《詩集》卷三，頁一五八。

註六六：《陋軒詩續》卷上，《詩集》頁七五五。

註六七：嘉慶《東台縣志》，卷三十九〈撰述〉，頁一一。

第二章　吳嘉紀的性情與喜好

吳嘉紀賦性孤介，難合於世，以致飽嚐窮餓困頓。讀其詩，以求其人，嘉紀仁厚誠篤，天性孝友。其敦人倫，崇友誼，緩急患難間，有仁人悲憫之心。而其性情率眞樸直，毫無矯飾，一如其詩之誠。至於疏散、慵懶，雖蹈消極晦黯，實亦烈士暮年，夕陽向晚，無可如何之悲痛。

嘉紀雖生計窘蹙，然消遙自適，追求放逸之心未嘗挫減。讀書之餘，飲酒、品茗、聽琴、賞花，俱爲其喜好；興起時，並與好友泛舟出郭，攜酒登巘，吟嘯覽古於山水之間。

第一節　性　情

一、孝　友

嘉紀崇孝悌、敦天倫，讀其〈七歌〉、〈祀母〉、〈哭妹〉諸篇，骨肉手足之情，深摯沉痛，字字從肺腑中流出。

〈七歌〉之一：「嗟哉我父逝不還，一棺常寄他人田……父在曠野兒在室，淚眼望望終何益」，〈七歌〉之二：「嘗見里人稱母壽，抆淚即思我慈母；慈母謝世值饑年，棺衾草草何曾厚」。（註一）嘉紀貧儉，無力買地為雙親下葬，棺櫬暫厝他人田隴，每一念及，即羞愧難當，無以自容。〈吾親〉：「秋來三夜雨，田園盡沉漭。吾親波浪中，敗棺魄憑仗。豈無所生兒？他山遠拾橡」（註二）〈哭王水心〉：「前日遠歸來，為葬二親計。二親未能葬，長歎抱痾睡」（註三），雙親未能安然入土，是他心中的隱痛。

〈賣書祀母〉：「母沒悲今日，兒貧過昔時。人間無樂歲，地下共長饑」「莫言書寡效，今已慰哀思」（註四），家中無長物，為了祭祀母親，不得不把書賣掉，以折換金錢。

〈哭妹〉之一：「吾妹是窮民，何嘗願老壽？委化蝸舍中，乳鴉啼門柳。人間送死具，傷哉十缺九！」，之二：「前日欲出遊，臨行妹致辭；淚滴咽喉瘖，意說永別離」，「骨肉死亡至，我行將委誰？不行餅桁空，兒女號寒饑」（註五）妹妹命蹇，獨力撫養遺腹子，終致積勞成疾，嘉紀於詩篇中，屢屢表達沉痛的傷悼。

汪懋麟〈墓誌〉云：「處士篤於孝友，其諸兄有死於鬥者，竭力以斂其遺孤。逋場稅為州吏所搒掠，處士匍匐營救，州吏聞其名，即省釋。」（註六）嘉紀天性孝友，處處流露。

二、狷　介

嘉紀賦性孤介，不隨同流俗。王士禎任揚州推官時，喜招徠詩人，布衣干謁者不絕，而嘉紀不自投刺，以衒其技。迨王爲其詩作序，且遣急足馳二百里，寄所居之陋軒，嘉紀始刺舟至郡城相見。其時，大江左右，攀龍附驥者，不知凡幾？

嘉紀鄙夷權貴，不喜奔競。〈德政詩五首，爲泰州分司汪公賦〉云「干謁余所恥」（註七），〈後七歌〉：「朝來得與顯者遇，賓客笑我言辭拙。男兒各自有鬚眉，何用低顏取人悅！」（註八）末句將嘉紀不因勢利而俯仰的個性表露無遺。〈送貴客〉：「曉寒送貴客，命我賦離別。髭上生冰霜，歌聲不得熱。」（註九）天寒送貴客，髭上生冰霜，心中也生冰霜，內外冰冷一片，嘴裡說不出趨炎附勢的話。

吳嘉紀身受凍餒，但固窮守分，明知「高寒世所嗤」（註一〇），仍不隨意攀緣求進。汪楫〈陋軒詩序〉云：「野人性嚴冷，窮餓自甘，不與得意人往還。」（註一一）

嚴冷難合於世的個性，使他像頑鐵一般。「頑鐵自謂堅，懶入金爐冶」（註一二），這是吳嘉紀的夫子自道。他說過：「我矩人以圓，我鉤物偏直」（註一三），世途與他齟齬，只好窮悴一生。

三、真　朴

嘉紀率性任眞，質朴自然。「野人」之號，得自其自在適意，不爲物累的志行。陳鼎《留溪外傳》云：「陋軒者，草屋一楹，環堵不蔽，與冷風涼月爲鄰，荒草寒煙爲伍，故人盡呼嘉紀曰野人，而野人因自號焉。」（註一四），因其爲野人，故處處流露「質勝文」的天性，不掩本色。汪懋麟《墓誌》記述其詩漸次流傳後，爲「周櫟園、王阮亭兩公所知。兩公官省郡，強致之，力疾一出，布衣草履，低頭座上，終日不出一語。兩公善談論，每說詩樹議鉤致，處士數語微中而已。兩公雅重之，即送歸海濱。」（註一五）嘉紀來自海濱，布衣草履坐於顯貴身旁，可以想見那格格不入的畫面，亦無怪乎其終日低頭不語，最後還是被送回海濱，還其本來面目。〈栝園詩四首，贈周雪客〉之四云：「紀也非斷蓬，家在東海濱。門外即流水，狂歌把釣緡」（註一六），徜徉山水，狂歌垂釣是他所嚮往的。他有一首答田綸霞的詩，是這麼寫的：「我亦思逃俗，年來懶入城。放歌村釀濁，把釣海天清。自曳看雲杖，僮攜煮茗鐺。祇應共夫子，人外聽啼鶯。」（註一七）這是他理想中的生活模式。

四、仁　厚

嘉紀天性仁厚，心存悲憫。歙邑程琳仙，客死揚州，東淘王太丹窶死虎墩；二人皆無後，嘉紀不憚跋涉，經理其喪葬。其交友無間生死，高義多類此。觀其〈淒風行〉、〈海潮歎〉、〈臨場歌〉諸篇，或述雨潦之苦、或記海潮之患、或寫鹽民之痛，字字皆流露仁者存心。鄧之誠《桑園讀書記》謂野人：「肝腸甚熱，急人之饑，過己之饑；急人之溺，過己之溺。」（註一八）

另如〈新僕〉一詩：「語少身初賤，魂傷家驟離。饑寒今已免，力役竟忘疲。前輩親難惬，新名答尚疑。猶然是人子，過小莫愁笞。」（註一九）末二句，正所謂「仁者存心，其言藹如也」。又〈

馮店〉詩，記行舟滯留馮店，盜賊奪去身上緼袍。嘉紀幾爲雨雪凍斃，猶語帶包容，謂：「饑寒誰能死勿變？」，且詩中不用「奪」字，而用「解」字，曰「解去緼袍凍殺我」（註二〇），哀矜悲憫之心隱然可見。孫枝蔚〈吳賓賢陋軒集序〉：「（余）幸得交賓賢，垂三十年，習知其爲人，蓋醇厚而狷介者。狷介則知恥，醇厚則善自責，善自責則恕於人。」（註二一）

五、疏　散

疏散是嘉紀性情中的一個負面特徵。或許是天性中即有疏散的傾向，也或許是離亂的時代，消磨了昔日的雄心壯志，頹然自放後，使此一傾向更形顯著。

嘉紀年少時曾習舉業，受教於劉則鳴門下時，慨然有四方之志。家中原稍有產業，並蓄有婢僕。前引〈晒書日作〉云「產破無聊歸蓽門」，如無家貲，何來產業可破？〈吾廬〉詩云：「力作何紛紜，痴兒間老婢」（註二二），〈隄決詩〉之八：「家僮營營欲奚適？毒陀蜿蜒遍阡陌」（註二三），〈哭妻王氏〉之四：「蠢僕徐徐起，怒視甑上塵」（註二四），國變後，家中原有的僮僕還跟著他們，可以想見明亡前他的家業與生活。

遭逢喪亂後，生活與心境都產生了巨變。生計日蹙，精神與物質均陷困頓，在咀嚼反思人生後，產生一種逆向心理的宣洩，變得疏懶，不治生業。在詩作中，他屢屢提及自己的疏散慵懶，如：〈送吳仁趾北上〉「平生臥蘆葦，疏散如鳧鷺」（註二五），〈寄程蝕菴〉「疏懶應容我，三年始報書」

（註二六），〈初冬郊園飲集〉「疏慵來自晚，非是厭歡娛」（註二七），〈栝園詩四首，贈周雪客〉之四「一生何疏散，垂白翻苦辛」（註二八），〈送汪三于鼎歸新安〉之六「歡娛辭白髮，疏懶負青鞵」（註二九）。

有一次安豐大水，野人浪跡在外，家中病妻在床，群兒啼飢，鄰居寄書催促其儘速返家。方爾止〈別吳野人〉詩云：

我歸白下日，君返安豐時。安豐大海邊，夙昔家于斯。今秋洪水漲，白波浩無涯。高原數尺深，浸淫及茅茨。病妻臥在床，群兒復啼飢。鄰舍寄書來，望君歸勿遲。（註三〇）

他並不是不關心家人，是消息隔絕？還是疏懶成性？

康熙朝，政局穩定後，嘉紀曾有心復用於世，但疏散的個性，使他懶於做志業事功的追求，僅限於內心的猶豫掙扎。生活陷於困頓，他亦未積極營生，常接受一些好友的接濟，他坦承自己是「凍餒成貪鄙」（註三一）。他不爲眼前的溫飽計，更遑論爲身後打算、爲子孫打算。

第二節　喜　好

一、飲　酒

酒是一種慰藉，也是遣愁的工具，在中國文人生活中，不可或缺。吳嘉紀雖有肺疾，卻沉湎于酒，他的目的也是爲了忘憂。〈和韻答周雪客五首〉之三：「往事不得忘，痛飲求模糊」（註三二），〈二月九日詩三首，與徐式家〉之二：「何以散我憂？樽罍與朋好」（註三三）。他的好友方文說過這樣的話：「平生無所好，寓意詩酒中。酒多令人病，詩多令人窮。」（註三四）語意突梯詼諧，正好說中他們又怕又愛的心理。

嘉紀耽溺于酒，在詩篇中毫無掩飾的流露。他有〈勸酒歌〉二首，送給汪楫的弟弟汪瑋。詩云：

爲君彈清琴，調苦未免旁人嘲。爲君歌白紵，曲長愁見東方高。何如燭下金叵羅，殷勤斟香醪。香醪味醇色復殷，曾使朱顏常不凋。三萬六千朝，過去七千二百朝；從此朝朝飲美酒，那羨仙人王子喬？

君不見隋家苑，昨爲歌舞場，今爲狐兔窟。眼前景色那有定，山岳轉瞬成溟渤。人生難得沽酒錢，況君翩翩正少年。滿堂賓客皆好我，追光逐景相周旋。往昔有劉生，其人稱大賢，一石飲盡枕鍤臥，搖手不聽婦人言。（註三五）

另有〈勸酒歌〉三首，贈予喬功偕。詩中有云「繇來醉鄉可避世，請翁聽我勸酒歌」，「繇來醒者多智慮，勸翁一醉安性靈」（註三六）。在擾攘不安的紅塵，沉酣於酒，可以避世，可以安性靈，在這裡，野人把愛酒的原因，說得很明白。

有一次羈旅揚州，天寒歲暮，驟逢好友，兩人不辭路途遙遠，到幾里外共謀一醉，只惜遍尋不著當年隨風搖曳的酒旗。〈尋酒家不得〉云：

歲暮羇孤邗水涯，驟逢好友即爲家。相攜幾里共謀醉，若得一壺安敢賒？殘市塵黃過健馬，冷城日黑亂啼鴉。當年簾影無蹤覓，歸去終宵慚對花。（註三七）

如果沒有好友共飲，他也樂於一人〈獨酌〉：

羲皇不再至，眞淳無常時。賴有杯中物，邈與太古期。柴門十日雨，人跡絕台墀。尊罍陳茆檐，松竹綠離離。孤影爲我客，揮杯屢勸之。此意陶公後，寂寞無人知。（註三八）

連避債逃到六灶河，躲在河岸邊的蘆荻中，體貼的妻子，恐怕他酒癮發作，還把頭上的髮簪拿去典當，買酒託人給他送去：

誰送一樽來？河涯嗥瘦狗。遙知舉案人，嗟我乘桴久，自抽頭上簪，暫質店中酒。（註三九）

朋友知道他喜歡喝酒，常常抱甕送酒來。一看到酒，他就喝得爛醉，那管米缸是否還有儲糧？〈徐日嚴送酒〉曰：「谿梅始花野雪大，徐君抱酒來門前。君意既厚酒復醇，一琖一日堪醉眠。甕儲有無不更問，日日如泥到有年。」（註四〇）

〈傷戴酒民〉詩云：「平生有眞樂，飲酒與使錢；朝急窮乏友，暮置歌舞筵」（註四一），在他眼裡，有酒有錢，就是人生的眞樂。戴酒民乃汪舟次岳父，是嘉紀知心的酒伴，〈贈戴酒民〉云：「知君是情深人，落拓湖干二十春。荊榛滿地難爲客，混入屠沽號酒民」（註四二）戴氏的號名，亦源自於酒。

嗜酒對野人的病體是一大斲傷，他自知多喝無益。〈丙申除夕〉詩云「疾愈酒還戒」（註四三）。

丙申，嘉紀三十九歲。此後，陸續在詩篇中看到他對飲酒的克制。〈葭園讌集〉云「自愧沉痾常止酒，黃花笑殺白頭翁」（註四四），〈吳仁趾復移家來廣陵二首〉之二「菊開漫漉陶潛酒」，下注云「予以肺病止酒」（註四五）。戴酒民怕他喝酒傷身，也頗爲合作，〈贈戴酒民〉云「憐我衰年肺病深，幾回相對酒難斟。天涯飄泊知音少，感激先生一寸心。」（註四六），對於酒民的用心，他甚爲感激。

從壯年到暮年，肺疾時好時壞，他必然是時飲時戒。如〈程飛濤送苦酒〉之二：「肺病頻年歲，嗔人羨苦蒿；此時斟忽滿，垂老興初豪。飄泊安吾道，沉酣賴汝曹。今宵容易睡，一枕不須高。」（註四七），好友送來一樽苦蒿酒，把他的「酒戒」又打破了。末兩句寫得俏皮有趣，可看出他對酒的喜愛。

鑑於疾病纏身，喝酒不能盡興，他有「痛飲應須及年少」的論調。〈汎舟詞，贈程臨滄、程飛濤〉云：「痛飲應須及年少！君不見畢茂世、劉公榮，一生生涯唯爛醉，天壤間傳飲者名。又不見吳賓賢，肺病天涯常獨眠；今日病除耽麴蘗，髮禿形羸已暮年！」（註四八）

二、品　茗

汪懋麟〈陋軒詩序〉曰：「先生（嘉紀）生平無所好，惟酷嗜茶，有鴻漸、魯望之遺風焉。」（註四九）實則，嘉紀嗜酒甚于嗜茶，不過品茗亦是其一大喜好。

孫枝蔚也說過嘉紀有「茶癖」，不適合生長於海邊。孫氏〈雪中憶賓賢〉云：「故人有茶癖，不

合生長海之涯；積雪寒如此，妻兒乞食向誰家？高賢受餓亦尋常，且復烹雪賞梅花。平生不識孟諫議，何人爲寄月團茶？」（註五〇）

寒夜烹茶，是嘉紀的一大享受。〈寒夜試吳昌言所惠園茗〉云：「寒泉白石鐺，試茗掩柴荊。對月不分色，無人偏有情。精神深夜醒，煙火一家清。穀雨新芽嫩，還期送我烹。」（註五一）

吳嘉紀對茶頗有研究，尤好松蘿嫩葉，曾謂「我愛新安江，水清石皓皓；一瓢可以飲，松蘿味尤好。」（註五二）

好友汪左嚴愛啜茶，時招飲野人，《詩集》卷三〈送汪左嚴歸新安〉之三云：「茆齋春月白，招尋到君家。千年雲霧草，早春松蘿芽。清涼味滿椀，消渴奈人何！時時招飲予，謂予抱此疴。」（註五三）

徽州汪扶晨，家在潛溪，門前有紫霞山，去黃山九十里，自製茗茶，名「紫霞片」。〈寄答汪扶晨〉云「情人相追送，贈我紫霞茶。此物瘳疾疢，歲產苦不多。」（註五四）汪扶晨不僅精於製茶，對壺亦十分講究。〈松蘿茶歌〉云：「奠巖汪子眞吾徒，不唯嗜茶兼嗜壺，大彬小徐盡眞蹟，水光手澤陳以腴。餅花冉冉相掩映，宜興舊式天下無。」（註五五），「奠巖汪子」，指汪扶晨。

他的另一個好友郝羽吉，也是懂得品茶的人。〈松蘿茶歌〉云：「郝髯陸羽無優劣，茗檟微茫觸手別。靈物堪令疾疢瘳，今年所貯來年啜。憐予海岸病消渴，遠道寄將久不輟。」（註五六）郝之外甥吳彥懷，爲嘉紀門人，嘗寄敬亭茶給嘉紀，《詩集》卷八有〈蕪城病中，謝彥懷寄敬亭茶〉詩。

汪洪度、洋度兩兄弟，家住歙縣松明山，也常寄茶給他。〈送汪于鼎、文治兄弟歸春草閣〉云「往歲賢昆季，東望溟渤島，寄我松明茶」（註五七）。

大明泉，為陸羽所品，居天下第五。〈分賦古蹟，得第五泉〉云「靈液生天壤，何心冀賞識？」又云「伊予家海濱，潮汐作飲食。鹽井難沃胸，原泉苦相憶」（註五八）鹽井難以煮茗，野人對天下名泉，嚮往不已！

郝羽吉死後，沒有寄茶的人，也沒有對飲的人。〈茶絕懷郝二〉云「自從郝二夜台去，空梡空鐺乾殺人」，又云「數錢今日與山店，買得松蘿忍淚歸」。（註五九）

三、讀　書

吳嘉紀的祖父吳鳳儀，是明泰州心學大師王艮的弟子，而吳鳳儀的門生劉國柱，則是吳嘉紀業師，可知嘉紀的先祖是讀書人出身。嘉紀出生時，家中富藏書，並畜有產業。

嘉紀自小身體多病，病中的歲月，就是藥罐與書卷陪伴他。〈曬書日作〉云：「弱齡多病嗜詩書，藥裏書帙盈篋笥；散髮養痾萬卷前，人生如此眞得意」（註六〇）所以嘉紀從小養成喜讀書的習慣，他甚且認為在書堆中養病，是人生的得意事。

據袁承業《王心齋弟子師承表》所載，嘉紀成童時習舉業，操觚立就，曾獲州試第一。想來他年輕時讀了不少書，腹笥豐盈，才能操觚立就，州試第一。不久時局動盪，戰火頻仍，使他家的產業破盡。爲飢寒所逼，他忍痛賣掉一些藏書以換取三餐，同詩又云：「十年戎馬鬥中原，產破無聊歸蓽門。丈夫久困形容醜，手持經史換饔餐」（註六一）。母親過世後，爲了祭祀母親，也曾賣掉一些書卷，以辦置供品，〈賣書祀母〉云：「母沒悲今日，兒貧過昔時。人間無樂歲，地下共長饑。白水當花薦，黃粱對雨炊。莫言書寡效，今已慰哀思。」（註六二）

幾經折騰，家中的藏書越來越少，由原先的萬卷變千卷。但讀書還是他的最愛，在狹隘破敗的陋軒中，書籍是他遺愁的最佳工具。〈自題陋軒〉云：「風雨不能蔽，誰能愛此廬？荒涼人罕到，俯仰爲我居。遺病一籬菊，驅愁數卷書。」（註六三）他理想中的生活是：隱居在魚鹽之中，教導兒女讀詩書——「隱居在何處？乃在魚鹽中。邈哉於陵子，門戶多清風。織布煩山妻，詩書嬌女攻」（註六四），他期望中的家居圖，應該是：「近水竹令庭戶閑，當階苔引琴書趣，一榻常依繡佛眠，漣宵未覺金樽誤。糟床經帙日隨身，白髮朱顏已七旬」（註六五），有琴書相伴、經帙隨身，這是他夢寐以求。

潮溼的天氣和不時肆虐的大水，是書冊的大患。安豐地區，六、七月爲霉雨期，衣物、器具易生黴黳，藏書尤易生蠹，必須常把書拿出來曝曬。而無情的水患，又不時捲走他心愛的書籍，〈六月十一日水中作〉之二：「產業眼看破，詩書心最關。浪中千卷去，架上幾時還」（註六六）這幾句話充分流露了他的書生本色。在產業破敗的時候，他最關心的是他的詩書；大水來襲時，他最痛心的是架上的千卷書冊，不知何時他才能再擁有它？這對愛書人而言，是非常殘忍的事！

嘉紀自幼患有肺疾，隨著病體的衰老，眼力的減退，以及蟲穿鼠齧，看書越來越感吃力，最後只好輟止誦讀。〈偶成〉詩云：「飄零幾鶴髮，寒暑一鶉衣。肺病憎書卷，鄉心對夕暉」（註六七），〈曬書日作〉：「即今五十暗雙目，衰疾纏身輟誦讀。飲食藥物向誰求？床上殘編餘一束。細字模糊半銷滅，鼠跡蠹痕手難觸。」（註六八）

四、聽　琴

嘉紀喜歡聽琴，自己也常彈琴娛遣。〈和雨後客至聽琴〉：「老梧葉上雨初默，空陰如水扶吾屋。白鶴殘蟬兩不吟，此時可以彈高琴。扣門忽到知音士，相逢落落不爲禮。抱琴與客坐松根，雨後幽懷絃上論。」（註六九）彈琴自來即爲詩人文士發抒心懷的雅事。

〈過徐次源古香堂〉詩：「幽居近廛市，門巷蓬蒿生。聞有抱琴客，主人披衣迎」（註七〇），「抱琴客」爲嘉紀自喻。嘉紀友朋中，不乏善彈琴之人。〈琴歌贈周生〉：「白嶽山人蒼海遊，夜夜一琴傍衾裯」「鄉思無端生日晏，抱琴過我淘西澗。入門竟對瓶花坐，彈坐思歸幾鴻雁」「我亦有愁在胸臆，與君曲罷共踟躕，霜村樹樹風蕭瑟」（註七一），周生爲吳周生，歙縣人。〈澹生爲予鼓琴〉：「老友將辭我，房中出素琴；松風當暑至，谿鳥入扉尋。頓使別離恨，變爲山水心。從茲一揮手，餘響落空林。」（註七二），澹生爲葉棨，亦是歙縣人。〈贈程隱菴〉之三：「自抱綠綺琴，遠尋白板扉。向我奏古調，思情何依依。豈不憚辛苦，知音古今稀。」（註七三），隱菴爲程雄，歙縣槐塘人，著有〈松風閣琴譜〉。

嘉紀有一首〈吾兒〉詩，敘述兒子無婦無衣，命與願違，平生少歡樂的情景。詩云：「吾兒齒已壯，歡樂平生稀。豈惟室無婦，四體無完衣。狀貌亦猶人，時命與願違。不知背老父，涕淚凡幾揮？昨宵谿月上，閉門撫金徽；隔垣聽汝奏，傷哉雉朝飛！」（註七四）在此情境下，爲父隔牆聽兒子的琴音，心頭當是另一番滋味！

五、賞　花

古人月夕花晨，嘯歌不輟，亦是一大雅事。嘉紀偏愛菊花，詩作中隨處可見題詠。〈題壁上畫菊〉將菊比爲「花中高士」，詩云「花中高士君不愧，不卑不媚難爲鄰」（註七五）。嘉紀喜歡賞菊、種菊，友人知道他的喜好，也常常贈以菊花。〈立冬前一日，過施弢若別墅看菊，見贈黃白二本〉詩，其二云：「陰晴終歲荷栽培，淺白深黃次第開。野水孤茆塵隔絕，斜暉三徑客徘徊。名傳淘上初逢賞，種自昭陽遠購來。高趣主人偏會意，寒芳分贈老夫回。」（註七六），〈謝徐式家送菊兼奉別〉，其一云：「入戶何心對草萊？故人憐我遠遊回。不知明日還行路，自櫂扁舟送菊來。」（註七七），〈初夏送王鴻寶之海安鎭，向崔朗生乞菊二首〉，詩中云：「青春悲已去，黃菊約同栽。發興求名種，扁舟遠溯洄。」又云：「籬低沙鳥入，菊長草堂深。花待飛霜發，人今冒雨尋。寒花贈不惜，持抱碧森森。」（註七八）

嘉紀對家中菊花，有如照料人一般的呵護。庚申（康熙十九年）七月東淘堤決，逃命之際，還不忘搶救籬邊的菊花，水退後，又重新移回園中。〈移菊復歸陋軒，客戴岳子過訪〉之一：「家貧傷轉徙，漲落見丘樊。起抱籬邊菊，言歸廡下軒。荒階仍散影，故土倍宜根。已有攜尊客，看花到蓽門。」（註七九）同卷又有〈雨中栽菊〉詩，其二云：「去秋漲入門，抱菊登舟航」「故土一朝別，悲如客去鄉」「籬落得重寄，枯根又發萌」。（註八〇）

嘉紀與妻王氏都喜歡菊花，王氏死後，嘉紀睹物思人，賦詩追憶兩人手植菊花的種種，〈哭妻王氏〉之八：

> 居處絕車馬，籬菊爲我客。生長相因依，歲晏趣彌適。栽種有同心，泣下思疇昔。花開重陽日，風雨移入宅。參差雜琴尊，淋漓霑几席。秋氣涼夫妻，毛髮滿頭白。相與坐花中，從朝至暮夕。深夜更秉燭，寒影散四壁。（註八一）

梅花亦是嘉紀喜歡的花類，《詩集》中相關詩題甚多。卷二有〈郝羽吉寄梅〉，卷三有〈別徐大次源歸陋軒，時贈予臘酒園梅〉、〈折陋軒梅花入舟中作〉，卷五五有〈過程臨滄山閣看梅〉，卷十四有〈詠劉生寓齋紅梅〉、〈過懶雲齋看梅，主人因留茗酌，同鴻寶、麗祖賦〉、〈九月十五日過胡翁寓齋，值紅梅開一枝，同諸子分賦〉。

菊、梅之外，詩集中尚有看海棠，看牡丹、看蘆花之作；此外，還有植松、種梧、移蕉之作，可見賞植花木爲嘉紀的嗜好。

六、泛舟

水濱之鄉，饒富景緻，又有舟船之便。身居安豐，嘉紀時與友人泛舟南梁；赴揚州城，亦常與友人泛舟出遊，共賦題詠。

〈南梁泛舟〉，詩題下注：「正月四日，同程雲家、戴岳子、方喬友」，詩之二、三云：

> 酒人頗忘機，不繫中流船。晴光暄入水，波動清鮮鮮。鳧鷖爾何慕？浮到樽罍前。
>
> 前谿是安豐，小築橋邊住。相思北郭生，佇望南梁樹。白雲幽意多，往往隨人去。（註八二）

大水爲患，旬日足不得出戶。好友攜酒饌忽來探訪，一夥人又興致勃勃的泛舟至梁垛。〈歸舊居後，洪水復至，步屧不得出戶，跼蹐連旬。九月十七日，徐仁長、沈亦季、程雲家、仰歧、方菈中、王于蕃攜酒饌來訪柴門，邀同泛舟，至梁垛，夜深宿清暉堂〉詩，其二云：

> 籬落魴鯉遊，氣寒白浪生。饑犬走上牆，狺狺吠水聲。溯洄者誰子？舟楫來相迎。秋暉壓桑柳，澤國搖空青。故舊滿眼前，壺漿勸我傾。兀然醉中流，笑與浮鷗并。（註八三）

前四句寫水患情景，以下則寫與好友泛舟的快樂。其三云：

> 野水闊無垠，東連碧海湧。明月對船來，萬象波前動。居然星漢遊，左右雲滃滃。微吟懷李郭，攜手類朱孔。酒盡夜更沽，提攜一樽重。（註八四）

水闊月明，乘夜泛舟，與故舊對飲，乃人生至樂。

其他泛舟之作，如卷二〈楊蘭佩招同諸子泛舟〉、〈九月二十二日，揚州城西泛舟，同諸子各賦一題，得荒寺〉，卷三〈泛舟詞，贈程臨滄、飛濤〉、〈城北泛舟〉、〈題亡友江天際畫〉（詩題下注：甲辰秋，汪舟次招諸同學泛舟平山，天際即景作畫）。

【附註】

註　一：《詩集》卷一，頁四八至四九。

註　二：《詩集》卷一，頁一七九至一八〇。

註　三：《陋軒詩續》卷下，《詩集》頁七六二。

註　四：《詩集》卷一，頁八八。

註　五：《詩集》卷二，頁一一〇至一一一。

註　六：〈吳處士墓誌〉，《詩集》頁七一一。

註　七：《詩集》卷六，頁三四一。

註　八：楊積慶：《吳嘉紀詩箋校》，卷十五，頁四四六。

註　九：《詩集》卷二，頁一〇〇。

註一〇：〈哭劉業師〉之一，《詩集》卷六，頁三二六。

註一一：《詩集》頁四。

註一二：〈車笠詞，贈汪左嚴〉，《詩集》卷十二，頁六八三。
註一三：〈送郝吉〉，《詩集》卷五，頁二九八。
註一四：〈吳野人傳〉，《清代傳記叢刊》一二八種，卷五，頁二八三。
註一五：《詩集》頁七二〇。
註一六：《詩集》卷四，頁二〇九。
註一七：〈田綸霞先生見示方園雜詩，次韻奉答〉，《詩集》卷十一，頁六〇五。
註一八：《清詩紀事》㈠，〈明遺民卷〉，頁五九六。
註一九：《詩集》卷二，頁一〇四。
註二〇：《詩集》卷五，頁三〇一。
註二一：《詩集》頁七〇六。
註二二：《詩集》卷一，頁三七。
註二三：《詩集》卷九，頁五二七至五二八。
註二四：《詩集》卷十二，頁六七五。
註二五：《詩集》卷一，頁七四。
註二六：《詩集》卷二，頁一三八至一三九。
註二七：《詩集》卷三，頁一九二。

註二八：《詩集》卷四，頁二〇九。

註二九：《詩集》卷八，頁四五七。

註三〇：《鑫山續集》，卷一，頁二三。

註三一：〈偶歸東淘茅屋，寄楊蘭佩二首〉之二：「凍餒成貪鄙，叔牙知我情」，《詩集》卷四，頁二二九。

註三二：《詩集》卷九，頁四九八。

註三三：《詩集》卷七，頁四一八。

註三四：《鑫山續集》，卷一，頁一一。

註三五：〈勸酒歌二首為汪季燦〉，《詩集》卷四，頁二〇九至二一〇。

註三六：《詩集》卷十一，頁五九〇至五九一。

註三七：《陋軒詩續》卷上，《詩集》頁七三五。

註三八：《陋軒詩續》卷上，《詩集》頁七五〇。

註三九：〈逋鹽錢逃至六灶河作〉之一六，《詩集》卷十，頁五四一。

註四〇：《詩集》卷五，頁二六六。

註四一：《詩集》卷三，頁一六〇。

註四二：楊積慶：《吳嘉紀詩箋校》，卷十五，頁四四八。

註四三：《陋軒詩續》卷下，《詩集》頁七八九。

註四四：《詩集》卷三，頁一九三。
註四五：《詩集》卷三，頁一八九。
註四六：同註四二。
註四七：《詩集》卷三，頁一五〇。
註四八：《詩集》卷三，頁一五八。
註四九：《詩集》頁一九。
註五〇：《溉堂續集》，卷三，頁一七。
註五一：《陋軒詩續》卷下，《詩集》頁七八一。
註五二：〈送汪于鼎文冶兄弟歸春草閣〉之五，《詩集》卷五，頁二六三。
註五三：《詩集》卷三，頁一六二。
註五四：《詩集》卷三，頁一八八。
註五五：《詩集》卷四，頁二四七。
註五六：同上。
註五七：《詩集》卷五，頁二六三。
註五八：《詩集》卷三，頁一九四。
註五九：《詩集》卷十，頁五八〇至五八一。

註六〇：《詩集》卷三，頁一八五。
註六一：同上。
註六二：《詩集》卷一，頁八八。
註六三：《陋軒詩續》卷下，《詩集》頁七八一。
註六四：〈送吳後莊歸彎沚〉之三，《詩集》卷三，頁一七〇。
註六五：〈臘月四日，贈袁姊丈漢儒〉，《詩集》卷七，頁四一一。
註六六：《詩集》卷七，頁四二一。
註六七：《陋軒詩續》卷上，《詩集》頁七五五。
註六八：《詩集》卷三，頁一八五。
註六九：《詩集》卷十一，頁七五〇。
註七〇：楊積慶：《吳嘉紀詩箋校》，卷十五，頁四四一。
註七一：《陋軒詩續》卷下，《詩集》頁七九〇至七九一。
註七二：《陋軒詩續》卷下，《詩集》頁七九五至六九六。
註七三：《詩集》卷九，頁五一七。
註七四：《詩集》卷三，頁一八〇。
註七五：《陋軒詩續》卷上，《詩集》頁七一五。

註七六：《詩集》卷二，頁一二六。
註七七：《詩集》卷五，頁二七八。
註七八：《詩集》卷六，頁三四四。
註七九：《詩集》卷十，頁五四七。
註八〇：《詩集》卷十，頁五六三。
註八一：《詩集》卷十二，頁六七七至六七八。
註八二：《詩集》卷十，頁五五七。
註八三：《詩集》卷七，頁四二四。
註八四：《詩集》卷七，頁四二五。

第三章　吳嘉紀交遊考

《清史稿．文苑傳》謂吳嘉紀家安豐鹽場之東淘，「地濱海，無交遊」，又曰「獨喜吟詩，晨夕嘯咏自適，不交當世」（註一）。所謂「無交遊」、「不交當世」，是指嘉紀未爲周亮工、王士禎所知前的情形。

明亡後，嘉紀閉門苦吟，不求知於人，而名亦不出百里之外，僅與同里友人沈聃開、徐發莢、王言綸、王衷丹、王大經、季來之等人結社淘上，寄情詩文。順治十八年得識周亮工，康熙二年，王士禎雪夜酌酒，爲其詩作序，嘉紀因買舟謁謝，遂定交。經阮亭延譽揄揚後，四方名士爭與之倡和，嘉紀詩名漸起，交遊亦漸廣。

嘉紀對交友，有他的看法。他說：「世人漫結交，其後每多悔」（註二），又說：「時俗尚辭華，結交亦相須」（註三），甚至說：「文士滿華堂，不如一直友」（註四）。

汪懋麟〈墓誌〉云：「處士生平不妄與人交，所善惟三原孫豹人枝蔚、郃陽王幼華又旦、休寧汪舟次楫、歙縣郝羽吉士儀。」（註五）以上幾位，確實是嘉紀的知交好友。孫枝蔚〈將之屯留省五兄大宗，留別賓賢、羽吉、舟次〉之二云：

吳生性孤直，知交性數子。鳳凰無茍棲，鴛鸞肯獨止。郝髯與汪生，相親若一己，賦詩送我行，淚下落邗水。（註六）

汪楫有〈題五子樽酒論文圖〉詩，題下自注：「渭北幼華來江東，與吳野人、孫豹人、郝羽吉及楫交，命曰五友，繪圖以歸，分賦。」（註七）嘉紀交結不苟，所求唯「直友」而已。

嘉紀交遊日廣後，周旋酬酢，兼及友人的父子、昆仲、叔姪、甥舅、翁婿，交織成一網絡，時有酬唱贈答。

嘉紀性狷介，不逢迎權貴。本身不作官，卻有許多作官的朋友，這一點頗令後人大惑不解。汪懋麟〈墓誌〉提到的四位好友，除郝羽吉從商外，其他三人均有官職。孫枝蔚，舉博學鴻詞，授內閣中書舍人；王幼華，爲潛江令，並召試南省，汪舟次，任贛榆教諭，後出使琉球。在他交往的對象中，共有三十二名清廷官員。除周亮工、王士禎外，尚有江南通省學政田雯、刑部主事汪懋麟、考工員外郎王士祿、翰林汪梅坡、宏文院學士方拱乾等人及地方官金長眞、汪芾斯、張蔚生等人。（註八）其實要了解這個原因，看〈送汪叔定〉之三云「誰道貴人趣不同？于中我有情親在」（註九），即可明白。貴人只要有眞趣，只要是直友，他並不排斥。

在汪楫、周亮工、王士禎的牽引下，江南詩壇的知名人士，如龔賢、屈大均、王士祿、方文、王又旦、汪士裕、田雯、汪懋麟、孫枝蔚、鄧漢儀、吳苑、錢陸燦等人，與嘉紀都有交往；施閏章、冷士嵋、黃生、李艾山、孫默、林古度在《詩集》中，也都出現過蹤影。本章僅就與嘉紀交往較密，影響較深者，加以列舉。

一、師　長

劉國柱

劉國柱，字則鳴，江西人，寄籍泰州。慕心齋學，師事吳嘉紀祖父吳鳳儀。適學使按試泰州，參與應試，以成績優異，遂爲州庠生，續以梁垛場爲家。未幾，主安豐社學講席十年。先生博涉群書，自經史子集旁及醫卜，無不通曉，尤長於易，撰易宗二卷。私淑王艮，偕好學者講究心性，以廣其傳。年八十餘卒。

吳嘉紀對於業師的才學頗爲推崇，〈喜劉師移家淘上〉云「吾師經史飽胸中，何事栖栖只糊口？」，又云「吾師學大才更異，執筆恥作今文章」。明亡後，劉則鳴匿影四方，迨移家淘上，師弟再次相逢，兩人皆已白髮蒼蒼。同詩云「春風吹綠東淘柳，師弟相逢皆皓首」，「何幸吾師刺艇來，復攜八口居吾里。吾師吾師不憂窮，春秋七十顏如童。狂歌敝褐與時絕，賣卜負薪期我同。他日無慚高士傳，小兒休笑兩衰翁！」（註一〇）師徒兩人性行相同，都有資格列名《高士傳》。

這種不憂貧賤的日子，事實上過得很辛苦。〈哭劉業師〉云「黃髮鹽煙內，青鞵野水邊。傳經猶有子，歸里苦無田。餬口逢凶歲，淒涼老伏虔。」劉師甫喪次子，四日後劉師亦死，嘉紀傷痛的說：

「死喪誰相救？高寒俗所嗤！」，「高寒俗所嗤」五字，道盡他們的透悟與悽涼。老師孤寂的走了，留給他無盡的感慨：「我亦多兒女，門東待蕨薇。看師身後事，涕淚倍霑衣！」（註一一）

二、知己

汪楫

汪楫，字舟次，號恥人，歙縣人，僑居揚州。早年讀書八桂亭，後補儀徵諸生，官贛榆訓導。康熙十八年薦舉博學鴻儒，授翰林院檢討，與修明史。旋冊封琉球正使，後又出知河南府，陞福建按察使，布政使，治績顯著。

汪楫結識野人的經過，在汪氏所撰〈陋軒詩序〉中言之甚詳：

余知野人自己亥九月始。己亥江上震驚，揚人傾城走。余時移家艾陵，念虛中在東亭，趣棹視之。至則虛中手近詩一帙納余前，俾余讀。余交虛中三年，未聞虛中一言詩，忽纍纍成帙，心異之。顧其詩已丹黃遍，下數行，詫驚，向虛中曰：「閱詩者誰耶？余不子異，異閱詩者。」虛中矍然良久曰：「嗟乎？野人今遇知己矣！」……詰旦，野人忽至，兩人相見歡甚，各為詩，詩成，呼酒共醉，酒盡，復為詩，如是者三日夜，留連低徊，不忍別去。（註一二）

順治十六年，汪楫避難至東台，因汪虛中而認識吳嘉紀。舟次好詩，自結識嘉紀後，二人常往返論詩。汪〈序〉又云：「（野人）一詩成，必百里寄余，反覆更訂，無慮數四」（註一三）。汪楫誠嘉紀之知音，王士禎〈悔齋詩序〉云：「有才如嘉紀，天下之人不知之，鄉曲之人不知之，及其妻孥亦且駭異唾棄之，舉世無知之者，而獨有一汪楫知之。」（註一四）生我者父母，知我者鮑子也，嘉紀爲賦〈管鮑篇〉誌感。

嘉紀〈管鮑篇呈舟次〉詩云：

賦詩菰蘆中，世不知名字。齒脫髮毛白，始遇汪舟次。己亥來遊東海涯，九月十日見余詩；兩心不覺膠投漆；因詩與我成相知。去冬過邗江，訪君梅下館。館前冰雪來往稀，獨把陋軒詩一卷，賞心眞與時流殊，精論不恕老夫短。老夫垂首忽自憐，此身若死己亥前，篇章縱得逢同調，不過異代相周旋！草白沙黃歲暮天，窮途還媿費君錢；知己不作感恩語，高義旋聞舉國傳。君不見吳越詞人新句好，朝來嘖嘖揚州道：上言今人吳與汪，下言古人管與鮑。（註一五）

汪、吳二人，因詩成相知。汪憫嘉紀貧病煎迫，時有周濟。而《陋軒詩》爲周櫟園、王阮亭所知，亦因汪楫之推介，宜乎嘉紀將舟次視爲今之「叔牙」。汪懋麟〈墓誌〉云：「處士飢寒不給，舟次、羽吉時緩急之。其見知於周、王兩公也，則舟次延譽焉。」（註一六）

康熙二十三年，嘉紀去世。明年舟次自琉球返國，經理其喪事。〈墓誌〉又云：「時舟次以翰林奉使海外，憂歸，爲經紀其喪。」（註一七）

汪楫弟汪琦，亦與嘉紀相過從。汪琦並時有贈遺，嘉紀〈歸東淘答汪三韓（琦）過訪五首〉之三云「故人何翩翩，交我不羞貧」「叔牙情不易，黃金那足珍」（註一八）。汪琦，性迈邁，詩自然高爽，耽酒早殤。嘉紀〈哭汪三韓〉之一云「人生幾日客？念君獨早歸。夙昔負奇懷，動爲時俗嗤。瓊玖在懷袖，光輝有誰知？」之三又云「開襟賦新詩，往往兼親友。興味一何逸，但未買山畝。鄉鄰第宅高，卿相章句取；豈不榮且艷，君視若芻狗。」（註一九）汪楫五弟（行五）汪南珍，年甫弱冠，即以詩名。嘉紀〈贈汪五南珍〉云「扣門尋令兄，竹月夜相遇。樽前諸弟出，五弟年最孺；燈燭照襟袖，爽氣軒然露」「老成衆所輕，風雅心獨慕」（註二〇）。

汪玠，字長玉，休寧人，汪楫之伯兄也。善詩，耽吟忘倦。癸卯（康熙二年）二月四日，汪長玉覆舟皖江，幸得生還。是年八月八日爲三十生辰，嘉紀爲賦〈汪大生日〉詩，詩云「北風怒吹皖江棹，棹折纜斷舟船翻」又云「君也沉沉疊浪中，但言此身死不得，須臾如有物，湧身出浪頭」（註二一），嘉紀另有〈醉竹先生歌贈汪長玉〉自注云：「癸卯春，長玉負米，舟覆皖江，性命獲全，洵有神助。」（註二二）嘉紀又有「客中七夕，時與汪長玉別」，〈同汪長玉阻風朱家嘴二首〉，〈題汪長玉舟中獨酌圖〉等詩《詩集》卷六有〈贈汪長玉〉詩，作於覆舟生還後十年。

郝士儀

郝士儀，字羽吉，號山漁，又號髯公，歙縣人，流寓江都。以魚鹽爲業，身隱於市。長於詩，形諸篇章，至性纏綿，致足感人。

郝、吳二人，性情相投，時有吟咏酬唱。《陋軒詩集》中，贈郝羽吉詩獨多，計有〈郝羽吉寄宛陵棉布〉、〈郝羽吉寄梅〉、〈郝母詩〉、〈題振衣千仞岡圖，爲郝羽吉〉、〈送郝羽吉〉、〈悲髯公〉、〈茶絕懷郝二〉、〈訪羽吉留酌〉、〈懷羽吉〉、〈贈郝羽吉〉、〈別郝羽吉〉諸作。

郝氏從商，對吳時有接濟，〈郝羽吉寄宛陵棉布〉云：「多年敗絮踏已盡，滿床骨肉賤如泥。出門入門向誰告？惟有朔風過破屋。我友何繇知此情？遠寄宛陵布一束。……高臥窮濱二十年，無端今日受君憐。」（註二三）

郝氏不嫌嘉紀貧窶，時有過從。〈贈郝羽吉〉云：「十年客東海，呼我爲同調。新茗折足鐺，殘荷秋水櫂。兩人夜不倦，片月時相照。」（註二四）

康熙十九年，郝羽吉亡故。嘉紀賦〈悲髯公〉哀悼之，詩之三歷述郝髯二十五年來之情誼：

> 悲髯公，肺肝厚，二十五年事老友。老友歲寒，棉布迢遙寄宛谿。老友歲荒，洪水漂屋，霪霖沒畦，妻兒叫呼魚鱉內，徙宅青錢寄竹西。老友好遊，絕巘躋攀。江流吳楚際，人立天水間。幾峰流泉會一峰，千折萬折聲潺湲。老友於此，濯纓澣顏。但見東海日出團般般，醒鶴呼子鳴深山。公偕老友，坐澗石，弄松雲，吟嘯不知還。（註二五）

羽吉死後，嘉紀與其子郝乾行亦時有往來。《詩集》卷九有〈汪長玉、郝乾行過宿陋軒〉，其三云「一室誰尋問，髯公遠溯洄」（註二六），卷十一有〈過郝乾行青葵園〉，其六云「故人芳躅在，念子頗相知」，「故人」二字下，自注：「謂山漁」（註二七）。

又郝羽吉的外甥吳彥懷，從嘉紀學詩與經，爲嘉紀門生。《詩集》卷九有〈蕪城病中謝吳彥懷寄敬亭茶葉〉，末句「宛陵棉布敬亭茶」下，注云「令舅郝二寄布」（註二八）。卷十一〈過郝乾行青葵園〉之五有云「夜話復誰共？門生吳彥懷」，詩末自注：「辛丑，彥懷讀書陋軒。」（註二九）

孫枝蔚

孫枝蔚，字叔發，號豹人，三原人。年十二，隨父客揚州。歸里，補三原附學生，時年十五。孫家世爲大賈，饒資財。明末散財結客，至破其家。隻身赴揚州，復習賈，三致千金，旋又散之。後折節讀書，康熙十八年，舉博學鴻詞，授內閣中書舍人。

豹人以秦士任俠使氣，吟嘯自放，棄萬金如敝屣。晚年窮困老病，僦屋於董子祠旁，名其所居曰「溉堂」，取「誰能烹魚，溉之釜鬵」之意。吳嘉紀〈贈孫八豹人〉詩云「豹人生也獨不辰，天地兵荒二十春」，又云「遊越遊吳髮盡白，無聊又上邗上宅。客慕虛名剝啄頻，披衣欲出還蹙額，車馬紛紛徒汎愛，妻兒依舊炊無食」（註三〇）對世情冷暖頗爲感慨。

吳嘉紀另有一首〈哀羊裘爲孫八賦〉，描述孫枝蔚窮困時，一件羔羊裘，早上女兒穿，中午自己穿，晚上太太穿的窘境：「囊底黃金散已盡，笥中存一羔羊裘。晨起雪渚渚，取裘覆兒女；亭午號朔風，兒持衣而翁；風聲雪片夜滿牖，殷勤自解護阿婦……他年姓字齊嚴光，今日饑寒累妻子。」（註三一）詩之末句，也正是嘉紀內心的隱痛。

豹人與嘉紀來往甚密，《詩集》中尚有〈寄孫八豹人〉、〈孫八期過人家看菊不果〉、〈題孫豹人撫琴圖〉、〈秋日懷孫八豹人六首〉、〈題孫豹人醉吟圖〉諸作。

康熙七年，吳嘉紀由揚州回鄉里，爲長子娶婦。孫豹人戊申詩云：「江頭二月桃花紅，野人別我歸安豐。自說長男年已大，有室方不愧人翁。牽羊復擔酒，奠鴈早乘龍。此事一以畢，喜氣滿房櫳。」（註三二）

豹人工詩，汪懋麟嘗謂：「予論詩，於當代推一人，爲孫豹人徵君。其爲詩不宗一代一人，故能獨爲一代之詩，亦遂爲一代之人。」（註三三）孫詩不事摹擬，出以眞誠，曠達灑落，如其爲人。其詩集有《溉堂前集》九卷、《續集》六卷、《後集》六卷。

郃陽王又旦自秦中來揚州，與豹人、嘉紀論詩。嘉紀號野人、孫枝蔚號豹人，王又旦號恥人，季希韓嘗謂孫枝蔚：三人詩可合刻，當名三人集。（註三四）

王又旦

王又旦，字幼華，號黃湄，郃陽人。順治十五年進士，知安陸潛江縣，除吏科給事中，轉戶科給事中。黃湄當官有治績，又長於詩。其詩初爲清眞古澹，後變而爲奇恣雄放。

孫枝蔚居揚城，幼華嘗從受詩，與吳嘉紀、郝士儀、吳周等人，亦投分甚深。

《陋軒詩集》卷一〈答贈王幼華〉云：「郃陽王伯子，爽氣松林秋。名成不出仕，擔簦來揚州。非無薦紳交，樂與漁樵遊。」（註三五）卷三〈十月十九日，贈王黃湄二首〉，詩題下注云：「時黃湄三十初度」（註三六）。方文亦有〈十月十九日爲郃陽王幼華初度，孫豹人、房興公、吳賓賢、郝羽吉、汪舟次咸集其寓，予後至，因贈二詩〉詩題，詩云：「屈指關中友，王郎獨少年，科名方藉甚，風骨更翛然」（註三七）。黃湄三十歲即頭角崢嶸，故有「科名方藉甚」之語。

《詩集》卷三有〈送王幼華歸秦〉詩，孫枝蔚《溉堂前集》卷九作〈題樽酒論文圖送別王幼華歸秦〉，編入康熙二年癸卯。幼華因將歸秦，屬戴倉繪「五子樽酒論文圖」，五子者，汪楫、王又旦、吳嘉紀、孫枝蔚、郝士儀五人。圖成，各繫以詩，皆有題句，後歸幼華攜回秦中。

嘉紀病卒，翌年幼華召試廣東返命，繞道揚州前往悼祭，並留置銀錢，供其子孫家用。汪懋麟《墓誌》云：「處士既卒之明年，幼華以都給事中典廣東鄉試返命，紆道揚州哭之，留金其家。」（註三八）

三、仕　宦

王士禎、王士祿

王士禎，字貽上，號阮亭，又號漁洋，新城人。順治十五年進士。弱冠即以詩名，其後五十餘年，海內學者宗仰爲詩壇盟主。詩論以「神韻」爲宗，爲詩備諸體，不限一家。康熙五十年卒，年七十八。以交遊廣、聞見博、年壽老而閱歷多，一生享有盛名。

順治十七年，王士禎任揚州推官，因周亮工知吳嘉紀。此一段因緣，於其所撰〈悔齋詩序〉中，記述甚詳：

余來揚州三年而後知海陵吳嘉紀。……余居廣陵，去海陵百里，嘉紀所居去海陵又百里。雖見其詩，度無由見其人，然意不能已。一夕雪甚。風籟窌窱，街鼓寂然。燈下檢篋中故書，得嘉紀詩。且讀且嘆，乃遂泚筆序之。明日走急足馳二百里，寄嘉紀所居之陋軒。嘉紀感余意，爲余刺舟一來郡城相見，歡甚。始余知嘉紀以戶部侍郎浚儀周公，周公知嘉紀以汪楫。楫字舟次，嘉紀所爲賦管鮑篇者也。（註三九）

漁洋性情和易寬簡，好獎掖後人。在揚州五年，一郡士子，無不被其容接。嘉紀感念漁洋序其詩，並遠寄詩集，賦謝曰：「阮亭先生，蒞治揚州。東海野人，與麋鹿遊。玉石同堅，貴賤則別。光氣在望，不敢私謁。先生鳴琴，野人放歌。春暉浩蕩，忽及漁簑……阮亭新編，頡頏今古……媿非郊島，陪從昌黎。」（註四〇）

康熙三年春，漁洋與林古度、杜濬、張綱孫、孫枝蔚諸名士修禊紅橋，有〈冶春詩〉，一時倡和者衆。嘉紀亦有〈冶春絕句和王阮亭先生〉之作。

同年，漁洋遷禮部主事，廣陵諸詩老於七夕送別禪智寺。嘉紀有〈七夕送王阮亭先生〉詩，其二云：「清廉聞玉墀，琴書赴金馬。劉侯不可留，耆老淚盈把。臨行取一錢，贈與釣魚者。」（註四一），末句下注云：「先生時有贈遺」，可見阮亭亦常周助嘉紀。

嘉紀另有〈七夕同諸子集禪智寺碩公房，再送王阮亭先生〉詩二首，其二云「江山重文章，斯道跡久熄；出處雖不同，吾曹各努力！」（註四二）表明了振興風雅的自我期許。

王士祿，字子底，號西樵，士禎胞兄。順治九年進士，官考功員外郎。有《十笏草堂集》、《考功詩選》。

《陋軒詩集》卷三有〈題王西樵司勳桐陰讀書圖〉、〈九日懷王西樵客廣陵〉。同卷〈葭園讌集〉詩云「又傳折柬到牆東」，其下自注：「時王西樵司勳復以手札見招」（註四三）

漁洋《感舊集》收錄士祿〈柬吳野人〉詩，詩云：「心知吳處士，未厭古人風。裋褐逃塵外，柴門閉鹵中。露涼深警鶴，秋老急吟蟲。此際抽思好，新詩定不窮。」（註四四），可以想見嘉紀見重於王氏兄弟之一斑。

周亮工

周亮工（一六一二至一六七二），字元亮，一字減齋，又字櫟園，學者稱櫟下先生，祥符人。舉崇禎十三年進士，任濰縣知縣，取浙江道試御史。明亡，避難南京，清師南下，迎降；歷任兩淮鹽運使、福建按察使、布政使、戶部右侍郎等職。

亮工見識高，記聞淹博，著述甚富。除《賴古堂集》詩文外，尚有《書影》、《字觸》、《印人傳》、《讀畫錄》、《閩小記》、《同書》等十餘種。另選印《賴古堂近代古文選》、《尺牘新鈔》初二、三、四集，以至印譜、對聯多種。對失意文人，如吳嘉紀、王損仲、王猷定等人著作，皆戮力搜求，出資刊刻，其表彰保存之功不可沒。

順治三年，周亮工爲兩淮運使。六年，過揚州，識汪楫，之前汪楫因汪虛中而結識吳嘉紀。順治十八年，周亮工得罪出獄，再至揚州，因汪楫而讀嘉紀詩，既與定交，又彙刻其詩。周亮工〈陋軒詩序〉曰：

> 予己丑過廣陵，與汪子舟次交，舟次每以制舉業相質，時年甚少，未嘗見其爲詩也。越十三年，予復至廣陵，見舟次詩，而詩又甚工，余驚詢之。舟次曰：「東淘有吳賓賢者，善爲詩，余與之遊，同學詩，愧不逮也。」……因出其手錄《陋軒詩》一帙示余，余讀之，心怦怦動。……因彙其前後之作，刻爲《陋軒詩》。（註四五）

周亮工盛稱野人詩，汪舟次〈陋軒詩序〉云：「辛丑歲，周櫟園先生在廣陵，見野人詩，推爲近代第一。」（註四六）

吳嘉紀、汪楫、周亮工三人交情深厚，由以下二首詩題可知：周氏《賴古堂集》卷十有〈東淘吳賓賢貧病，工詩。汪舟次手錄其近作相示，頗有同調之感。舟次且爲予言：賓賢近札有「夕陽殘照，于時寧幾」之語，櫟下生痛賓賢，或眞死不及見矣。爲賦一詩，急令舟次寄示賓賢〉詩，又有〈汪舟次每見予，輒言賓賢不置。予既爲一詩寄賓賢，感舟次于賓賢纏綿悱切，復作此與舟次〉詩（註四七）。又同書卷六有〈吳賓賢力疾爲予至，至則病益甚，不能數晨夕，賓賢既以病留邗上，予乃先歸〉詩（註四八），記辛丑歲（順治十八年），亮工冤白，嘉紀力疾一見事。

周亮工精於篆刻印章，〈與黃濟叔論印章書〉云：「僕沉湎於印章一道者，蓋三十餘年于滋矣。自矜從流溯源，得其正變者，海內無僕。」（註四九）浸淫既久，四方操是藝者，時登門求教，亮工遂薈蕞其印，並冠以小傳，輯爲《印人傳》。嘉紀有〈讀印人傳，作歌贈周金谿先生〉云「金谿先生最嗜此，高手到處與往還。錦纏帕覆隨出入，宦遊載滿煙波船。斯道彰明五十載，金谿實爲風氣先」（註五〇）惜《印人傳》全書未完，亮工即撒手，嘉紀〈病中哭周櫟園先生〉慨嘆云「錦纏新刻印，稿剩未成詩」（註五一）。

周亮工好畫，方爾止丁未年（康熙六年）〈讀書樓詩爲周櫟園憲使作〉云：「周公有畫癖，遠近無不搜，丹青累千百，一一皆名流。擇其最精者，手自成較讎。裝潢十餘帙，林壑煙光浮。置之屏几間，可以當臥游。」（註五二）櫟園有賴古堂，藏弆印篆書畫極富，且精於賞鑑。

周在浚，字雪客，櫟園長子。《詩集》卷四有〈栝園詩四首，贈周雪客〉，卷五有〈送周雪客北上〉，卷九有〈和韻答周雪客五首〉，是嘉紀與周氏父子並有交誼。

汪梅坡

汪梅坡，字雯遠，錢塘人。康熙十二年進士，官翰林。

《陋軒詩集》中，嘉紀酬贈梅坡的詩作有三：卷九〈四月一日送汪梅坡之東亭〉、〈送汪梅坡，兼寄悔齋、蛟門〉，卷十〈留別汪梅坡二首〉。篇數雖不多，卻頗能呈現嘉紀的心境及其詩之流傳。

梅坡官至翰林，與嘉紀出處殊途，故與梅坡詩作中，嘉紀每多感慨語。如〈送汪梅坡，兼寄悔齋、蛟門〉一詩云：「繇來賢哲草莽間，饑寒困辱無不有。……而我碌碌衆人中，此時何得蒙君顧？」（註五三），〈留別汪梅坡二首〉之一云：「我生如蜻蛚，草間吟不休；思欲吐悲憤，不鳴復何由？」，之二云：「士生立百行，先欲堪饑寒。如何餅罍罄，勝引乃相關？手持糴米錢，送我歸考槃。」（註五四）嘉紀毫不隱諱的吐露心聲，可見兩人交情亦匪淺。

〈送汪梅坡，兼寄悔齋、蛟門〉一詩，又云：「門庭自絕親朋跡，詩句偏傳道路口……道路何人？鸛鳴谿曙，懷我新詩攬衣去。」（註五五）可知嘉紀新詩一出，立即流傳，他個人雖閉門在家，詩句卻傳遍了道路口。

田雯

田雯，字綸霞，號山薑，德州人。順治十六年進士，由中書歷官戶、工二部，校順天應試。旋陞提督江南通省學政，累遷貴州巡撫，改江南巡撫，終戶、刑二部侍郎。

《陋軒詩集》卷十有〈寄學憲田綸霞〉，詩云「賞識今日遇，永辭燔與泥」；卷十一有〈訪田綸霞先生〉、〈田綸霞先生見示方園雜詩，次韻奉答〉詩。

田雯《古歡堂集》有〈方氏園林四首〉及〈方氏園林後四首〉詩，嘉紀次韻奉答，亦有八首。其五有云：「自曳看雲村，僮攜煮茗鐺；祇應共夫子，人外聽啼鶯。」，此乃回應田氏後四首之一云「江上回飄鼓，花邊煮葯鐺；圓林好風日，深樹一聲鶯」（註五六）。

汪懋麟、汪耀麟

汪懋麟，字季角，號蛟門。康熙六年進士，官內閣中書。每入直，攜書竟夜展讀，夢十二硯入懷，遂以名齋。丁母憂歸里，膺薦舉博學，不赴。服闋，以主事銜入史館，與修明史。三年，補刑部，著有

《百尺梧桐集二十三卷》。

《陋軒詩集》卷三有〈上巳集汪叔定、季角見山樓〉。叔定，名耀麟，號北皐，江都貢生，與弟懋麟齊名。《溉堂前集》卷二乙巳有〈上巳日同于皇、賓賢、湛若、龍眉、舟次、仔園、夐巖諸子集汪叔定、季角愛園，登見山樓〉詩，《百尺梧桐閣集》有〈上巳杜于皇、吳賓賢、孫豹人、黃雨相、華龍眉、王仔園、顧思澹、夏次功、魯紫漪、家秋澗、左嚴、叔定、舟次諸兄集見山樓〉詩，亦編入乙巳。

汪氏所居，名十二硯齋。嘉紀有〈夢硯歌，贈汪蛟門舍人〉詩，詩題下注云：「舍人夢得十二硯，因以名其齋；自著有夢硯歌並記。」（註五七）

嘉紀與耀麟昆仲，俱有往來。〈送汪叔定〉詩，其二云「已識公卿館閣開，應知昆季聲名早。令弟別來今幾春？碧梧修竹署齋新」（註五八），「令弟」下注云：「蛟門」，「署齋新」下注云：「時任西曹」，其時，懋麟任刑部主事。

懋麟爲《陋軒詩》寫序，並爲嘉紀作墓誌。〈吳處士墓誌〉云：「余交處士稍晚，常屬余序其詩。至是余兄舟次命爲墓誌，不獲辭，處士素謂余知之也。」（註五九）汪氏《百尺梧桐閣集．凡例》有云：「近人刻集，多乞時貴時賢序文弁首，甚至序多於集，鄙性不喜爲人濫作序，故亦不敢以此苦人，自知言不足傳，乃欲竊附於大人先生，媿矣！」（註六〇），末署「康熙十七年仲春，自識於十二硯齋」。而康熙十八年（己未），汪氏爲序《陋軒詩》方于雲本，蓋感於其自甘窮寂，讀其詩而愛其人之故也。

汪士裕

汪士裕，字左嚴，一字容庵，江都人。舉康熙二年鄉試，授太湖教諭，擢廬州府教授以終。士裕宗人如汪叔定、汪季角、汪舟次皆與吳嘉紀熟識，嘉紀不時至揚郡，亦與士裕酬唱贈答。見諸《陋軒詩集》者，如卷二〈廣陵過嘉樹堂，贈汪左嚴孝廉〉，卷三〈送汪左嚴歸新安〉、〈送汪左嚴北上〉，卷四〈送汪左嚴之虎墩〉卷八〈送汪左嚴之太湖教諭任〉。

汪　舟

汪舟，字虛中，號岸舫，歙縣人。康熙十七年舉人，官教諭。鄧漢儀〈詩觀〉云：「吳子野人數言虛中之爲人，質直多古誼。詩篇清矯，如喬松直上，如澄潭絕響。」（註六一）

汪楫得識吳嘉紀，乃因汪舟之引介，此一段因緣，已見前引。《陋軒詩集》卷四有〈寄汪虛中〉詩，其二云「避地來吳汪，攜手如弟昆」，下注云：「亡友吳元霖、吳周與汪同里」，之三又云「扶晨君從姪，邂逅廣陵道」。（註六二）此外，汪氏女婿吳蒼二，與嘉紀亦有詩文酬贈，如《詩集》卷八〈舉世無知者五韻五首，和贈吳蒼二〉，詩中云「長者何慨然，乃以嬌女妻」，「長者」句下注云「汪岸舫」（註六三）。有關二人交往之詩題，尚有卷一〈晏谿送汪虛中，兼懷吳後莊〉及卷八〈冬杪自東淘泛舟至廣陵，送汪岸舫北上三首〉。

汪士鋐

汪士鋐，原名徵遠，字扶晨，一字栗亭，徽州人。爲汪虛中從姪。康熙中，召對行在。工詩古文辭。生平喜交遊，篤風誼。

《陋軒詩集》卷三有〈寄答汪扶晨〉，謝扶晨寄贈紫霞茶；卷五有〈廣陵送汪扶晨歸潛川〉，卷七有〈汪扶晨自新安之吳門，遇於竹西，奉送四首〉、〈送吳蒼二歸新安，兼寄汪虛中、扶晨、于鼎、文治、鄭慕倩諸子〉，卷九有〈送汪晨〉，詩題下注云：「時汪歸潛口葬母」。

由詩文往返，可知汪、吳時有過從。

汪洪度

汪洪度，字于鼎，歙縣人。善屬文，工詩，書法尤爲時所重；受業于王士禎，士禎爲定全集。蘄治荊修歙縣志，延其專志山水。弟洋度，字文治，並有才名。

于鼎爲汪扶晨從弟，扶晨又爲汪虛中從姪，汪氏一門，叔姪、昆仲俱與吳嘉紀往來。

《陋軒詩集》卷五有〈送汪于鼎文治兄弟歸春草閣〉，卷六有〈客中送汪文治之衡州〉，卷七有〈寄題汪于鼎、文治始信峰草堂〉。

嘉紀有〈翁履冰行〉一詩，汪洪度亦有〈翁履冰〉詩。與嘉紀同詠一事。

四、詩　友

龔　賢

龔賢，字半千，一字野遺，號柴丈，崑山人，流寓金陵。性傲岸孤僻，隱清涼山側。有園半畝，種名花異卉，水周堂下，鳥弄林端。善畫，爲金陵八家之一。所作山水仿董北苑愛用焦墨，雖長幅巨幛，絕不畫人，蓋言其「目中無人」矣。

《陋軒詩集》卷四有〈寄題龔大野遺新居〉之二，詩云「邈哉爾幽居，卻傍清涼台」（註六四），早年半千嫌白門雜遝，移家廣陵，已復厭之，返而結廬清涼山下，嘉紀賦題此詩以贈。

嘉紀另有〈淘上訪龔柴丈〉，詩云「海上披髮翁，孤吟若寒鳥，非無求侶思，屣屧不輕倒。恭聞柴丈人，經我淘之道。欲尋如我者，而與云懷抱」（註六五），又有〈同鴻寶、季康南梁重訪柴丈〉，詩云「三客放漁船，七里訪柴丈」（註六六）。

半千好詩，選有《中晚唐詩紀》，嘉紀亦曾將一年來所咏詩篇寄予半千，以供鑑賞：「一歲吟將盡，迂情共者誰？祇應入殘雪，持去報相知。邗水簫聲後，荒庵大夢時。令君不孤寂，濁酒野人詩。」（註六七）

錢陸燦

錢陸燦，字湘靈，常熟人。明季諸生，以其學教授，出遊揚州、金陵、常州。晚歸鄉里，弟子著錄者數百人，率一時名士。

《陋軒詩集》卷四有〈鳳凰台訪錢湘靈贈詩二首〉、〈爲錢湘靈題穎川君絕筆二種後〉、卷五有〈懷錢湘靈〉諸作。

嘉紀至南京鳳凰台訪錢湘靈，錢氏亦有〈答吳野人見訪〉詩，詩云：「故人雲端墮，汪子與吳子，又偕一友來，海陵野人是。日余夙所欽，拾衣不及履。掀髯見古貌，揮麈乃譚止。曩昔讀叟詩，性情拓於紙。食淡鹽焰中，苦吟東淘市。竭來舊京洛，蒼然定交始。何處可論心？青蓮有遺址。」（註六八）

詩中對嘉紀的形貌、詩歌皆有所品評。

潁川君爲錢氏妻，半生學佛耽詩，爲湘靈閨中知音。〈懷錢湘靈〉一詩，有云「春風吹不到，饑凍有苦顏」，又云：「高賢棄道傍，蘭蕙同草菅」（註六九），頗爲湘靈不平。

方文

方文，字爾止，一字嵞山，桐城人。明亡前爲諸生，與復社、幾社相應和。時士君子相尚以名節，文與其從姪以智，尤聲振天下。入清後，隱居金陵，賴賣卜、行醫爲活。方氏一生窮厄，但交遊遍朝野，知名之士無不與交。

《陋軒詩集》卷一有〈送方爾止〉：

出郭朔風吹敝裘，亭皋東望使人愁。隋宮綠酒離前飲，魯國青山老去遊。寒鴈背群飛夕照，霜砧何處搗殘秋？欲攀隄柳增惆悵，黃葉蕭蕭落馬頭。（註七〇）

兩人俱屬窮寒之士，天涯送客，有不勝惆悵之感。

方、吳二人交往，見諸《嵞山集》中的行蹤，如〈與吳賓賢同宿汪舟次齋頭有贈〉，詩云：

秋窗曾讀陋軒詩，海岸遙憐冰雪姿。趙壹頗爲鄉里笑，虞翻猶有一人知。今宵同夢何其愜，明日離群重所思。肺病三年無葯餌，苦吟切忌苦寒時。（註七一）

方文卒，嘉紀作〈挽方爾止〉悼之，其一云「斯人盛文采，時運苦不遇；行吟三十年，鄉井恥歸去。……兵戈淚眼看，書卷衰年著」（註七二）。方文長於詩，其詩前期學杜，多蒼勁之作；後期學白居易，明白如話，或譏其淺俚可笑，王湆來序《嵞山續集》爲其辯解云：「（先生詩）漸老漸熟，漸造平淡。正如少陵夔州以後、香山洛陽、東坡海外之作，天機爛漫，不當以聲色臭味求之。」（註七三）

嘉紀〈送友人之白門〉詩云：「桐城方老儒，秦淮僦高樓；窗檻對鍾山，見君常流淚」（註七四），「方老儒」，指方爾止；「君」，指屈翁山。方氏生當鼎革之際，《嵞山集》中亦多憂國傷時之作。

吳周

吳周，字後莊，歙縣人。工于詩，嘗賦〈杜鵑行〉，王幼華見之，奇甚，與定交杵臼間。王在潛江聞吳死，刻其遺詩傳之。

吳貧賤早死，世無知者。《陋軒詩集》卷一有〈懷吳後莊〉詩云：

海內諸兄弟，吾憐吳後莊：負薪歌下里，學稼養高堂；有病還耽酒，無求不出鄉。平山分手處，木葉又蒼蒼。（註七五）

吳周患有肺疾，《詩集》卷三〈送吳後莊歸灣沚〉詩，云「憶昨君抱痾，攜手在海徼……君今復罹疾，旅舍相慰勞」（註七六）

後莊身材矮短，卻夙負奇氣。落拓遊東淘，結識吳嘉紀，爲嘉紀的詩友、酒友、病友。嘉紀有友程琳仙，客死邗關，其時臘盡冰堅，後莊冒雪隨嘉紀前往，蹭蹬三百里，終得安葬琳仙。〈哭吳周〉：「丙申赴友難，周也願相隨。冒雪攜裝出，租驢讓我騎。犬鳴投宿店，燈照下鞍時。敝褐西風裡，禁寒泣共持。」（註七七）即記此事。

漁洋《感舊集》收錄吳周〈東吳處士賓賢〉詩一首，可資參考：

日暮暑氣徂，柴門有餘清，遙遙沙際月，泛泛波中明。榆柳既垂陰，藻荇亦交橫。莎雞出岸草，振羽如欲鳴。時移樂幽棲，多病懷友生。倉卒歧路別，浩蕩滄洲情。向老會面難，寸心何由傾。愁坐東軒下，獨夜秋泉聲。（註七八）

屈大均

屈大均，原名紹隆，字翁山，番禺人。清兵圍廣州時削髮爲僧，法號今種。朱彝尊至粵，談論甚契，歸則挾其詩遍傳吳下。明亡後，大均忽釋忽儒，隱於山中十年，遊於天下二十年，所見所聞，以詩文載而傳之，著有《翁山詩外》、《翁山文外》、《廣東新語》等書。

大均曾參與廣州抗清活動，失敗後奔走大江南北，聯絡同志，亟謀恢復。其一生遊蹤行事，大抵與顧炎武相近，每登臨遺墟廢壘，無不揮涕悲歌。又嘗取永曆錢一枚，貯錦囊，佩肘腋間，如莆田林鐵厓，以示不忘前朝。

《陋軒詩集》卷九有〈送友人之白門〉，詩題下，注云：「友，廣東人。」。按台大研圖所藏玉蘭堂刊本，此題作〈送屈翁山之白門〉，題下注云：「屈，廣東人。」（註七九），大均詩文於雍乾

之世，遭焚燬，子孫被斬；《陋軒詩》亦因書內有送屈翁山詩二首，且有違礙句，而被奏請銷毀。（註八〇）

〈送友人之白門〉詩有二首，其一云：「有客入門來，不識客何人？長跪問姓字，是我平生親。吳雲與粵梅，相見有何因？復問離居日，庭草二十春。庭草綠又黃，我耄君齒強……」，其二云：「流淚有何用？志士成荒丘。君今欲安適？採蕨野颸颸。飢馬鳴廢宮，斜陽使人愁。」（註八一）大均生於一六三〇年，小嘉紀十二歲，故曰「我耄君齒強」。有人根據此詩所表達的故國之思，論定吳嘉紀曾參與大均的抗清行動（註八二），因無旁證，姑且存疑。

大均自與嘉紀相識，至此次見面，中間間隔二十年，乍然相見，幾不識來者。此次的會面極爲短暫，詩中有云「會晤只須臾，喜極生悲傷」，不過嘉紀很熱情的說對方「是我平生親」，亦可想見兩人交情，非比尋常。

屈、吳二人，俱以詩名。屈氏《翁山詩外．讀吳野人東淘集》有曰：「東淘詩太苦，總作斷腸聲；不是子鵑鳥，誰能知此情？」（註八三），誠爲的評。

徐次源

徐次源，天都人，爲諸生。寡交遊，細瘦苦吟，絕似李長吉。死年止二十七，吳嘉紀刻其詩一卷，名爲《古香堂詩》，周亮工爲之序。

《陋軒詩集》卷三有〈別徐大次源歸陋軒，時贈予臘酒園梅〉詩，可見次源雖寡交遊，卻與嘉紀過從甚密。同卷又有〈憂來〉詩，云「憂來望南梁，煙火秋靄靄；落日不見人，隔水狗鳴吠。遊子久不返，中庭長蒿萊……」（註八四），「遊子久不返」句下，自注：「徐次源」，可知嘉紀深爲對方牽掛。賴古堂本《陋軒詩》另有〈過徐次源古香堂〉詩，「古香堂」爲徐次源所居室，詩云：「幽居近廛市，門巷蓬蒿生。聞有抱琴客，主人披衣迎。天寒雪已霏，籬菊吐黃英。晚節眞可賞，濁醪相對傾。薄醉因止宿，團團海月明。」（註八五）兩人情誼溢於言表。

五、里　人

程岫

程岫，字雲家，歙縣人。父懋衡，甲申之變，不食而死。岫博學篤行，守先人之志，託跡東台梁垛（南梁），與吳嘉紀、孫豹人、陸懸圃交善，吟咏終老。

程岫著有《江村詩》，陸廷掄序曰：「眞摯古樸，刮盡浮靡，置陋軒集中不能辨。」（註八六）《陋軒詩集》卷一〈菖蒲詩〉，記程岫採自萬蘿峰的菖蒲，移植南梁館舍，臨水搖曳，寒翠掩映。卷七有〈寄程雲家〉、〈程節婦〉二詩。〈程節婦〉表彰程岫母，夫死，事姑舅，撫三幼子之事蹟。卷八有〈詩四首贈雲家〉，其三有云「伊余栖遯處，終日車馬少」，其四有云「親故苟同心，貴賤長相聚」（註八七），表明對世態人情的看法。

程雲家有〈同吳嘉紀南梁泛舟〉詩，其一云：「春水欲綠時，雲中叫歸雁，斜日喧林皐，垂楊細堪綰，倚棹待歸人，沽酒來何慢？」（註八八），吳嘉紀和詩云：「櫂向柳堤邊，漿沽茅店裡。春風蘇萬物，已在河之涘。枯容變好顏，先自酒人始。」（註八九）

康熙十九年七月十四日，安豐堤決。嘉紀一家二十三口，坐立波濤中五晝夜，無人伸出援手。正當嘉紀感嘆「膠漆故舊阻河關，安知我在洪濤間？」，雲家在漫天大水中，刺船前來找尋他（註九〇），讓他感動不已。

嘉紀死，無以斂，雲家葬之。陸廷掄曰：「野人死，乏殮具，雲家實佐佑之。野人所居故湫隘，時有水潦之災，一棺在殯，幾陸沉。雲家慨然曰：是予責也。顧雲家貧甚，於是醵金於同人，舉其未葬之三喪，同歸窀穸，且爲樹豐碑墓側。」（註九一），所謂「舉其未葬之三喪」，另兩具當係野人父母暫厝之靈櫬。

此外，雲家又蒐集野人遺稿，交予汪楫梓行。陸序又曰：「野人遺稿多放失，未梓。雲家悉捃拾排纘，付其友汪悔齋太史發梓。」（註九二）

雲家篤於友誼如此，時人將吳程方之爲「韓孟」。

王衷丹

王衷丹，字太丹，安豐人。幼孤貧，長而工詩。其詩學高適、岑參，而神似之。書法初學羲之、獻之，後仿懷素，蕭疏放曠，求者恆滿戶外。

王太丹爲明末大儒王艮的五世支孫，其從子王劍，字水心，聞國變，朝夕痛哭，後出家爲僧。太丹居處曰「朝尋齋」，吳嘉紀〈七歌〉詩第六章云「朝尋道人夜台去，王劍爲僧身亦死」即指其二人。嘉紀與太丹過從甚密，〈哭王太丹〉詩云：

思君虎墩時，尋君不敢疏；風雨中小艇，霜雪上瘦驢；半月不過君，從來此事無。居人數見者，嘗聞笑我迂。入門乍呼君，君歡動眉須；親爲設床席，命婦烹瓜蔬。十日五日留，三更二更俱。不寐或不言，竹影滿身扶。……（註九三）

太丹生平不受人餽贈，病劇時，以一方硯託嘉紀換錢，料理後事。嘉紀有〈賣硯行〉記其事：「夫子傲岸坐虛牖，友生遺贈俱不受。匣中一片溫然硯，託我換錢治身後。」（註九四）太丹易簀時，方硯尚未脫手，無以下葬，得吳次巖、汪次朗贈金葬之，嘉紀賦詩謝之。

嘉紀另有〈哭王水心〉詩，詩題下自注：「名劍，末年爲僧，號殘客」，詩云「同里有四人，異姓稱兄弟」，又云「論齒君最長」（註九五）

鄧漢儀

鄧漢儀，字孝威，蘇州人，徙家泰州。生於康熙九年，十七年應鴻博入都，十八年四月，授內閣中書舍人銜。當軸惜其才，欲薦入史館，以母老謝恩遄歸，徜徉吟咏。二十八年卒於家，年七十三。

鄧氏好詩，精於賞鑑，《退庵筆記》載先生「庚戌（康熙九年）選詩觀初集，十一年壬子梓行；十三年甲寅選詩觀二集，十七年戊午梓行。」（註九六）鄧氏所選《天下名家詩觀》初二集，搜羅宏富而抉擇精細。嘉紀有〈寄鄧孝威〉詩三首，其三有云「大雅久荒蕪，斯人起林薄。操持正始音，一唱諧衆作。矯矯泥滓中，何用嗟淪落？」，詩末自注云：「時選詩觀」（註九七）。

方一煌

方一煌，字麗祖，歙縣人。少年即負盛名，以詩古文詞蔚然壇坫之間。名公巨卿重其才品，皆爭禮之。晚乃隱于安豐，閉門嘯咏，不求人知。

嘉紀有〈雨後過麗祖不遇〉、〈過江象賢寓齋看梅，聞昨夜同方麗祖理絃梅下〉、〈山關別澹生，同麗祖賦〉、〈別澹生後，虎墩道上同麗祖看蘆花〉、〈題漪園次麗祖韻〉諸作。由詩題可知，方氏喜賞花彈琴，與嘉紀過從甚密。

〈過江象賢寓〉一詩，嘉紀有句云：「聞君偕友坐花陰，彈出空山風雨音。餘音淒絕應難散，我向亂枝深處尋。」，又云「參差花影上衣飛，想因昨夜絃催落」（註九八），寫得清幽動人，極富情趣。

季來之

季來之，字大來，原名應甲，號綺里，泰州安豐場人。師事伯祖存海，得王心齋之傳。舉崇禎壬午鄉試。乙酉清兵屠揚州，江南盡失，知勢不可爲，乃潛居一樓，堅不薙髮，服先朝之服，禁足不出者十餘年。先生著書甚富，不輕易示人，惟吳嘉紀、王大經、沈聃開、周莊數人得共談論。

吳嘉紀有〈十三夜酌季大來舟中，賦贈〉，詩云「先生臥水濱，卿相不能親。孤艇領群鳥，雙童扶一身。波聲過牖冷，月色上溪新。沽酒蘆花下，慇勤醉野人。」（註九九）

何鐵

何鐵，或名金雨，字龍若，別號忍冬子，鎮江人。寓居泰州牛市，又自號牛市長者。幼從陳維崧學，工元人詞曲。善畫及秦漢金石刻，常持刀筆出遊，所在醵金求之。或不願作，有力者強之，終不肯竟作。

《陋軒詩集》卷十一有〈送何龍若〉及〈篆隸印章歌，贈何龍若〉詩，〈篆隸印章歌〉有云「況君年少善詞賦，才藝俱足稱世豪。詎乏知音若櫟老，吹笙擊筑傾松醪。」（註一〇〇）「櫟老」，指周櫟園，其人亦長於篆刻。卷十二有〈京口何龍若僑居吳陵城中，奉訪有贈〉，其二云「歸來每微醺，粟甕則空虛」（註一〇一），則龍若亦嘉紀酒友。

六、門生

吳謩

吳謩，字仁趾，新安人，隸籍廣陵。清兵屠揚州，吳父死，仁趾尚垂髫，母織素教兒，親授漢書與孝經。吳長於詩，與嘉紀有「二吳」之目。

仁趾又工篆刻，嘉紀〈憶昔行，贈門人吳謩〉云：「自言篆學攻朝暮，石上吾初運鐵刀，鐫成人日如銅鑄」（註一〇二），又〈送吳仁北上〉之三云「汝也攻篆刻，用刀金石間，只似用筆墨」（註一〇三）

仁趾精詩善篆，方爾止〈贈吳仁趾〉詩云：「孫豹人家見爾篆，汪恥人家見爾詩。詩稱妙品篆神品，是何年少能兼之？」（註一〇四）

吳嘉紀的門生，尚有吳彥懷，於郝士儀生平中已作介紹。

【附註】

註　一：《清史稿列傳》卷四九一，列傳二七一，〈文苑一〉。《清代傳記叢刊》九四種，頁六六一。

註　二：〈懷羅大〉，《詩集》卷十，頁五四六。

註　三：〈二月九日詩三首，與徐式家〉之三，《詩集》卷七，頁四一八。

註　四：同上。

註　五：《詩集》頁七一〇。

註　六：《溉堂前集》，卷二，頁一八。

註　七：徐世昌：《晚晴簃詩匯》，頁一五九八。

註　八：參見陳鈞〈讀吳嘉紀詩札記之二——入清後的思想演變及其原因〉，《鹽城教育學院學刊》，一九八八年，第四期，頁六六。

註　九：《詩集》卷十二，頁六九一。

註一〇：以上引文並見《陋軒詩續》卷下，《詩集》頁七八五至七八六。

註一一：以上引文並見《詩集》卷六，頁三二六至三二八。

註一二：《詩集》頁三至頁四。

註一三：《詩集》頁四至頁五。

註一四：序文附《悔齋詩》書前，中央圖書館藏清大業堂藏本，未標頁數。唯吳妻對嘉紀才情頗為賞識，與王序謂「駭異且唾棄之」有出入。

註一五：楊積慶：《吳嘉紀詩箋校》，卷十五，頁四五五。

註一六：《詩集》頁七一一。

註一七：《詩集》頁七一二。

註一八：《詩集》卷四，頁二四一。

註一九：《詩集》卷六，頁三五二至三五三。

註二〇：《詩集》卷七，頁三九五。

註二一：《詩集》卷一，頁八三。

註二二：《詩集》卷十二，頁六六〇。

註二三：《詩集》卷一，頁五九。

註二四：《陋軒詩續》卷下，《詩集》頁七八七。

註二五：《詩集》卷十，頁五五一。

註二六：《詩集》卷九，頁五〇八。
註二七：《詩集》卷十一，頁六三〇。
註二八：《詩集》卷九，頁四八七。
註二九：《詩集》卷十一，頁六二九。
註三〇：《詩集》卷一，頁六〇至六一。
註三一：《詩集》卷一，頁六一至六二。
註三二：《漑堂續集》，卷二，頁一五。
註三三：〈漑堂文集序〉，《百尺梧桐閣集》，卷二，頁三四。
註三四：〈賓賢自號野人，舟次自號恥人，希韓戲予曰，君詩便可合刻，當名三人集，予笑而答之〉詩，《漑堂續集》，卷二，頁一一。夏荃《退庵筆記》亦引述此事，見卷五，頁五。
註三五：《詩集》卷一，頁七七。
註三六：《詩集》卷三，頁一五三。
註三七：《淼山續集》，卷三，頁五。
註三八：《詩集》頁七一一。
註三九：中央圖書館藏清大業堂手抄本，未標頁數。王氏所撰《居易錄》亦記有此事，見卷四、頁二一。
註四〇：楊積慶：《吳嘉紀詩箋校》，卷十五，頁四三七。

註四一：《詩集》卷三，頁一六五。
註四二：《詩集》卷三，頁一六六。
註四三：《詩集》卷三，頁一九三。
註四四：卷八，頁二〇。
註四五：《詩集》頁六九九至七〇二。
註四六：《詩集》頁五。
註四七：二詩並見《賴古堂集》，卷十，頁八。
註四八：《賴古堂集》，卷六，頁一一。
註四九：《賴古堂集》，卷十九，頁三。
註五〇：《詩集》卷六，頁三四二至三四三。
註五一：見詩之三，《詩集》卷六，頁三五〇。
註五二：《緐山續集》，卷一，頁二九。
註五三：《詩集》卷九，頁五一四至五一五。
註五四：《詩集》卷十，頁五五六。
註五五：《詩集》卷九，頁五一四。
註五六：見楊積慶：《吳嘉紀詩箋校》，卷十一，頁三三二所引。

註五七：《詩集》卷七，頁四一四。
註五八：《詩集》卷十二，頁六九〇。
註五九：《詩集》頁七一二。
註六〇：《百尺梧桐閣集》頁二。
註六一：引自楊積慶：《吳嘉紀詩箋校》，卷四，頁一三八。
註六二：頁二五六至二五七。
註六三：《詩集》卷八，頁四七三。
註六四：頁二五九。
註六五：《陋軒詩續》卷上，《詩集》頁七四五。
註六六：同上。
註六七：《陋軒詩續》卷下，《詩集》頁七七三。
註六八：引自楊積慶：《吳嘉紀詩箋校》，卷四，頁一〇七。
註六九：《詩集》卷五，頁二九九。
註七〇：《詩集》卷一，頁七三。
註七一：《盋山續集》，卷四，頁九。
註七二：《詩集》卷五，頁二九〇。

註七三：《淼山續集》頁二。
註七四：《詩集》卷九，頁四八三。
註七五：《詩集》卷一，頁四四。
註七六：《詩集》卷三，頁一六九。又〈哭吳周〉之一，有注云：「吾與周有肺病」，見《詩集》卷四，頁二一五。
註七七：見詩之三，《詩集》卷四，頁二一六。
註七八：卷八，頁三。
註七九：《玉蘭堂刊本》共六卷，是詩收在卷五，頁一。
註八〇：參見吳哲夫：《清代禁燬書目研究》，頁二九七。
註八一：《詩集》卷九，頁四八三至四八四。
註八二：汪國璠：〈愛國詩人吳嘉紀〉，持這種看法。見《文學遺產》增刊，七輯，頁一五六。
註八三：卷八，頁五二。
註八四：頁一八八。
註八五：楊積慶：《吳嘉紀詩箋校》，卷十五，頁四四一。
註八六：嘉慶《東台縣志》，卷三十九〈撰述〉，頁一一。
註八七：《詩集》卷八，頁四六六及四六八。

註八八：嘉慶《東台縣志》，卷八〈都里〉，頁八。
註八九：〈南梁泛舟〉之一，詩題下注：「正月四日，同程雲家、戴岳子、方喬友」。《詩集》卷十，頁五五七。
註九〇：〈隄決詩〉之十：「違俗更有程季子（雲家），刺船尋我漲瀰瀰」，《詩集》卷九，頁五二八至五二九。
註九一：嘉慶《東台縣志》，卷二十九〈撰述〉，頁一一。
註九二：同上。
註九三：《陋軒詩續》卷上，《詩集》頁七四二。
註九四：《陋軒詩續》卷下，《詩集》頁七四〇。
註九五：《陋軒詩續》卷下，《詩集》頁七六二。
註九六：夏荃：《退庵筆記》，卷一，頁九。
註九七：《詩集》卷七，頁三七四。
註九八：《陋軒詩續》卷上，《詩集》頁七三九至七四〇。
註九九：《陋軒詩續》卷下，《詩集》頁七七五。
註一〇〇：《詩集》卷十一，頁五九四。
註一〇一：《詩集》卷十二，頁六六三。

註一〇二：楊積慶：《吳嘉紀詩箋校》，卷十五，頁四四九。
註一〇三：《詩集》卷一，頁七四至七五。
註一〇四：《盋山續集》，卷二，頁一九。

第四章　吳嘉紀的詩歌創作

明社覆亡後，嘉紀拋棄舉業，專工爲詩。袁承業《王心齋弟子師承表》云：

> 成童時，習舉業……入國朝，輒棄去。曰：「男兒自有成名事，何必區區學舉業？」自是專工爲詩，歷三十年，絕口不談仕進。（註一）

家中的產業在戰火中敗盡，亂後他蝸居在「陋軒」，閉門苦吟。汪懋麟〈吳處士墓誌〉云：「閉門窮居，蓬蒿土室，名所居曰陋軒。終日把一卷，苦吟自娛。」（註二）周亮工〈吳野人陋軒詩序〉引龔賢的一段話來描述他苦吟的情狀：

> 野人每晨起，繙書枯坐，少頃起立徐步，操不律疾書，已復細吟；或大聲誦，誦已復書。或竟日苦思，數含毫不下，又善病咯血，血竭髯枯，體僅僅骨立，終亦不廢，如是者終年歲。（註三）

汪楫〈陋軒詩序〉也談到他疾病纏身，還是苦吟不輟：

> 野人夙有肺疾，恆不自惜，喜苦吟；近數年來疾且甚，悔之，禁不得多作，然一詩成，必百里

寄余，反復更訂，無慮數四。（註四）

康熙十九年（一六八〇）七月十四日，東淘隄潰，門巷水深三尺，欲渡無船，家人二十三口，坐立波濤中五晝夜，抱孫之暇，他還作了〈隄決詩〉十首，詩成之後，對着落日擊水自歌，潸然涕下（註五）。他眞是寫詩成痴，是什麼樣的力量驅使他如此刻意苦吟？又是什麼樣的創作意識鞭策他辛勤創作？

第一節　時代背景

吳嘉紀生當明末清初動亂的時代。明亡時，他已二十七歲，在清朝過了四十年的歲月。他的詩集中，甚少談到明末的事情，偶一提及，也多半爲前朝皇帝諱。如明神宗萬曆以後，朝政窳敗，國已不國，他卻說「萬曆年間老者樂」（註六）。他的詩可資繫年的作品，只有十之二、三，不過可斷定的，詩集中絕大部分，都是順治、康熙兩朝的作品。其詩除受內在質性的影響，大多還是受外在環境的感染。尤其嘉紀「以詩爲史」（註七），更是與當時的時代背景息息相關。

一、兵禍連結

崇禎十七年（一六四四），思宗自縊煤山，順治定鼎北京。

順治二年（一六四五），四月廿五日豫王多鐸渡淮炮轟揚州，史可法督師死守，人盡矢絕，清兵屠城十日，慘死者八十餘萬。五月八日，清軍夜渡長江，次日即攻克鎮江，南明沿江守軍潰敗，福王被俘。清軍自常州、無錫，直取蘇州、杭州。清兵除劫掠城內，又到四鄉騷擾，更激起廣大民衆的憤怒，包括市民、農民、灶丁、漁戶都聯合起來抗清。

江北各地，假託「史閣部」之名，結寨固守。徐州、、下邳及淮揚一帶農民，響應浙閩建立的南明政府，與清軍對抗。南京附近的句容、溧陽、興化的貧農，亦高舉抗清的旗幟。明宗室樂安王朱誼石、瑞昌王朱誼泐在諸生謝琢等人的擁護下，結合大江南北人民，於順治三年（一六四六）九月，兵分三路，圍攻南京，但不幸失敗。（註八）

清廷爲加強鎮壓江南人民抗清力量，調回豫王多鐸，另派貝勒勒克德渾和固山額眞葉臣負責江南軍務，由此可見大江南北民衆的力量，不可輕忽。

圍攻南京失敗後，一部分勢力仍據守如皋、泰興及南通州一帶，與清兵長期抗爭。淮安抗清領袖高進忠，擁明宗室新昌王，以海州雲台山爲根據地，進攻灌雲一帶，焚毀清朝官署，截斷清軍糧道。順治六年（一九四九）三月，攻克海州、贛楡，挫敗清兵。至順治十九年（一六六二），這股力量才告結束。

揚州爲江北重鎮，南京的門戶。史可法督師之初，爲屛障南京，命高杰駐守泗州，管轄徐州等十四縣；劉良佐駐守臨淮，管轄鳳陽等九縣；劉澤清駐守淮安，管轄淮海等十一縣；黃得功駐守廬州，管轄滁和等十一縣，號稱「江北四鎮」。四鎮中，劉澤清素行不良，所到之處，燒殺虜掠；高杰性情凶暴，部將貪瀆，亦思進入揚州大肆掠奪；彼此衝突不斷。爲使各鎮和睦，史可法又將四鎮駐紮地稍作更動：高杰駐紮瓜州，黃得功駐紮儀徵，劉良佐駐紮鳳陽，劉澤清仍駐淮安。高杰部將李成棟爲徐州總兵，清軍一路指向徐州時，李成棟先是聞風而逃，後來屈膝投降，並成爲引導清軍屠戮江南的劊子手。清軍勢如破竹，四鎮望風瓦解，潰敗之時，蹂躪荼毒地方百姓，爲禍不減清軍。如揚州一帶，高杰部隊即縱掠兩次，殃及吳嘉紀所在的東淘。四鎮原是明軍的游兵散卒，經常騷擾地方，無紀律可言，逼得鄉下農民無法耕作，城內市民無法交易；並曾私自設卡賣鹽，造成百姓買鹽不便。大難當前，爲圖謀恢復，史可法整編四鎮時的吃力與無奈，可以想見。

明亡後，東南、西南一帶的抗清活動，亦如星火燎原一般展開。南京失陷後，陳子龍在松江起兵，後又結太湖兵起事。順治二年閏六月，張煌言迎魯王至紹興監國；其時，鄭芝龍、黃道周擁立唐王于福州。順治三年六月，清軍攻占紹興，魯王桴海以逃。同年秋，清軍入福建，鄭芝龍降。十一月，桂王在廣東肇慶稱帝。順治四年（一六四七）三月，張家玉起兵東莞，苦戰抗清。福王亡後，張煌言於寧波抗清，奔走浙閩十餘年，致力於復國大業。

鄭芝龍降清時，鄭成功率部屬入海，連年出擊福建、粵東、浙南沿海。順治十六年（一六五九），清軍入雲南，桂王輾轉入緬。鄭成功與張煌言相約北上，大舉攻入長江。六月，鄭成功取瓜州，張煌言率水師一支，兵不足千，船不滿百，衝冒清軍新式炮火，斷金、焦之間橫江鐵索，抵燕子磯旁觀音門，與鄭成功大量會合，收復南京附近及安徽部分地區。此一行動，震撼了清廷，大批援兵馳集，襲擊鄭軍，鄭成功潰敗，退回廈門。

順治十八年（一六六一），桂王已入緬，三月，鄭成功率戰艦數百，戰士二萬五千人，渡海赴台，繼續奮戰。康熙元年（一六六二）五月，鄭成功病逝，其子鄭經繼承其業。康熙二十一年（一六八二）正月，鄭經病逝，年甫十二的鄭克塽即位，年幼才薄，勢力大減。次年六月，福建水師施琅率兵攻台，克塽投降。

清兵入關後，明降將樂爲效死，因功受封爲王者有：尚可喜封平南王，耿繼茂封靖南王，吳三桂封平西王，分鎭粵、閩、滇、黔等地，稱之爲「三藩」。三藩中，吳三桂勢力最大，有衆十萬；尚可喜、耿繼茂各有三萬餘人。三藩驕悍恣縱，歲需餉銀二千餘萬兩，佔全國歲收之半。

聖祖即位，天下大致底定，不再對三藩採懷柔政策。康熙十二年（一六七三），平南王尚可喜因其子之信不肖，自請歸老撤藩，清政府乃乘機撤封。平西王吳三桂、靖南王耿精忠（繼茂子）自感不安，亦申請撤藩，以試探清廷心意，不意朝廷一律照准。吳三桂於是起兵造反，各地響應，不數月，雲南、貴州、四川、湖南、廣西均爲其所有，福建耿精忠也舉兵叛清，是年秋，曾攻破徽州。康熙十四年（一六七五），尚之信也以廣東響應。吳三桂自稱天下都招討使大元帥，聲勢頗爲浩大。

三藩各爲私利打算，內部又不團結，康熙十五年（一六七六），耿精忠降，翌年，尚之信也迎降。十七年（一六七八），吳三桂憂憤卒，其孫吳世璠繼立，退守雲南、貴州。康熙二十年（一六八一）十月，清軍急攻雲南，吳世璠自殺，爲時八年的三藩之亂，始告平息。

二、賦役苛重

有清稅制，「田賦」、「丁役」爲朝廷主要收入。「田賦」，是指土地所有者每年按畝向政府交納一定的稅額；「丁役」，是指十六歲至六十歲的男丁，每年向政府無償的負擔一定的徭役。「田賦」與「丁役」，是主要的「正賦」。

順治初立，政局未穩，百廢待興。爲籠絡人心，雖曾蠲免賦稅，取消明末加派的「三餉」，但因兵餉嚴急，各項建設又需大量經費，以致賦斂繁興，科派擾民。「正賦」的額數不高，「正賦」之外，另有種種名目的附加稅。康熙年間，雖曾訂「永不加賦」之制，不過專指正額，額外之征，五六倍於正額。

「田賦」、「丁役」，均可以銀折征。江南各地稅負較重，如順治二年，定每年漕運總額四百萬石，江南行省負擔漕米一百七十九萬四千四百石。其後還規定，繳納糟糧正額外，尚須加納「耗羨」（註九），「耗羨」相當於正額的百分之四十至六十。而折銀往往是，百姓以賤價賣米，按官價繳銀。康熙朝，征糧之際，每糧一石加派銀兩二三，糧差從中牟利，故「私派倍于官征，雜項浮於正額」（註一〇）。百姓平日雖苦于賦，尤苦於賦外之賦。

清因明制，濱海煮鹽灶戶，按丁口配予鹽場外草蕩若干，用以蓄草煎鹽。每歲依灶戶售鹽價格之高低及其收入總額折收稅款，謂之征比。乾隆《兩淮鹽法志》引〈蕩刈草圖說〉：

煮海之利，以草爲本，灶蕩故皆官地，給灶丁按地配引，輸鹽於官，名曰額蕩。明萬曆間，改輸鹽爲徵課，仍按引起科，此折價之所始。范堤外除古熟陞科，盡屬灶地，專令蓄草供煎，禁私墾及樵爨。……草約十束可煎鹽一桶，故售草皆以束；或以煎鹽桶數論值，視豐歉以低昂其價，而鹽之消長隨之。（註一一）

有關灶戶鹽課，清葉夢珠《閱世編》有較詳明的記述：

各場于灶户中編簽家富而蕩多者，每歲若干名爲總催。各灶户每年輸糧于該年總催，總催從場官起批至分司處驗銀，倒換批文，解至鹽運司收庫，輾轉經承，總計各項貼費依三限完足者，大約額銀一兩，使用倍之。若後期徵比及託非其人，或爲役蠹、場蠹侵蝕者，倍價賠累三、四倍不止。（註一二）

清初鹽課，並未因鹽場毀壞而減征，反而有所加征。如兩淮通、泰、淮三分司所屬三十場額征折價銀六萬八千兩百一十六兩，「順治十一年九月內遵奉部文加征額銀一百三十三兩」（註一三）順治後期，爲籌措軍費一再「加引增課」；康熙朝，從十二年至二十一年，波及十數省的三藩之亂，使得各處用兵，餉需緊急，戶部於十四年〈量增鹽課以濟軍需事案〉中題明：「因需用錢糧之際，每引加征銀五分」（註一四），十七年起又陸續執行所謂「計丁加引」，實則連年戰亂，人丁劇減，此純係需餉孔急，不得不採行的硬性攤派。

康熙初年以後，在蠲免賦稅上，除水旱災害照例全免外，幾乎「一年蠲及數省，一省連蠲數年」，然而君王的寬仁，小民並未實受其惠。「一旦水旱頻仍，饑饉見告，蠲賦則吏收其實，而民受其名。賑濟則官增其肥，而民重其瘠。」（註一五）

順治朝徭役奇重，雜派差役名目繁多。葉夢珠《閱世編．徭役》云：

順治初年，勦泖寇則派水手，調客兵則備馬草、馬豆、馬糟、草刀，造艦則有水夫、鑽夫、買樹。後因海寇入，則沿浦造橋樑、造梅樁、造鐵鍊、築寨台；沿海修城堡、修煙墩、斥堠分撥；沿海養馬則造馬船、造渡口石坡，種種不可勝舉。（註一六）

康熙朝，天下大致底定，各項建設亦粗具規模，唯治河工程卻斷續未止。明制，沿河按田出夫，始出僉派，後復徵銀，極爲苦累。國初，兼行召募，給以工食。順治九年，河決封丘，起大名、東昌、袞州及河南丁夫塞之。此因工程浩大，特行僉派，而又協撥於鄰省。康熙九年，總河羅多以大修用夫三萬餘，請於江南、山東僉派協濟。（註一七）

清初詩人，以其時徭役爲主題之詩歌頗多。如梁佩蘭〈養馬行〉、朱彝尊〈馬草行〉、陳璧〈吳淞造戰船二百餘隻，五年始成，器械糧餉畢具。乙未七月初五日出師，初三日海舟卒來，悉掠去，其未完者亦火盡，用記一律〉、陳維崧〈銀杏樹中觀音像歌〉、〈開河〉、錢澄之〈捕匠行〉、黃生〈築堤謠〉等。

三、酷吏貪暴

清朝前期，官吏貪污成習，政風瘻敗。地方官吏可假借種種名義，巧立項目，橫征暴斂。稍不如意，則箠楚相向。小民賠累既窮，尙須日受鞭笞。

順治年間，常有地主隱匿田畝，將錢糧轉嫁於無地、少地之農民。地方官員收受賄賂，故作視而不見，而且「挪用正款，捏稱民欠，及加派私征」（註一八）賦役轉嫁，賦役不均的情形，十分嚴重。有的田連阡陌，全不應差；有的田已售出，仍負徭役。甚有人已亡而不肯除冊，人初生而責當差之情事。爲避免地方官吏的私派，乃向納稅戶頒發「易知由單」（即通知單），作爲憑據，以免發生差錯。

「易知由單」，雖名爲易知，實則款項繁多，百姓不易知曉。康熙七年（一六六八），聖祖諭戶部曰：

向因地方官員濫徵私派，苦累小民，屢經嚴飭而積習未改。每於正項錢糧外，加增火耗，或將易知由單不行曉示，設立名色，恣意科斂；或入私囊；或賄上官；致小民脂膏竭盡，困苦已極。（註一九）

康熙帝對「易知由單」衍生的弊病及當時官吏敲剝民髓的情形甚爲清楚，所以責令督撫確實盡到察吏安民的責任。

然而，實際狀況又是如何呢？——

在外文武官，尚有因循陋習，借令名節生辰，剝削兵民，饋送督撫提鎮司道等官；督撫司道等官，復苛索屬員，饋送在京部院大臣科道等官。在京官員交相饋送，前屢經嚴禁，未見悛改。（註二〇）

督撫、監司、守令皆如此，地方胥吏更是勢如狼虎，百方逼索。葉夢珠《閱世編》〈徭役〉一章，記順康兩朝蘇松百姓呻吟於重役之下的情景：

承役之時，吏書、押差坐派需索……始而相見有費，酒席有費，既而輸限有費，下鄉有費，逢節有節儀之費，歲熟有抽豐之費，歲終有年例總酬之費。（註二一）

前工未竟，後工繼起，初派方完，續派踵至。糧役之家，虎差時常盈室，酒漿供頓，突煙不絕，其他所費，蓋可知己。（註二二）

葉氏生於明季，康熙中葉尚在世，書中所記，皆親所閱歷之世務，其言信而有徵，足資佐證。

小民服勞役時，拚死力作，尚須忍受鞭朴。如曹禾〈淮水歎〉詩，自序云：「黃河決，淮水漲溢，人民漂流。縣官役民夫築堤，鞭楚之聲數百里，目窮心傷，情迫辭盡，庶聞于采風者。丁未九月十四日」（註二三）丁未，為康熙六年。又如王昊〈兵船行〉有云：「憶昔軍興催造船，吳民髓竭無金錢。刺史流汗縣令哭，老農含血遭笞鞭。」（註二四）

清於戶部設巡鹽御史，下又設鹽運使，掌食鹽運銷、征課、鹽官升遷考核。而各鹽場運銷食鹽之鹽商，亦有其組織，主事者，兩淮稱之為「總商」。「總商」負責催征鹽課，又名為「總催」。此外，捐輸、應酬、報效亦是總商之責。

巡鹽御史，一年一任，用意在於防弊，恐久居其位，易生人事及財務之弊端。然任期過短，未能掌握情況，且易爲奸邪所趁。由於地方官員亦可參與鹽務，因而利用爪牙向鹽賈敲索錢財。總商也利用特殊的地位，勾結鹽官與地方胥吏以脅制鹽商，而鹽商又對灶戶極盡壓榨。吳嘉紀的好友孫豹人有〈借鹽〉一詩，將鹽官與鹽商各謀其利，而苦累小民的情形，描述得極爲詳盡：

商欲售鹽官借鹽，官先得利商袖手。借鹽若問自何人？上爲司道下郡守。散與屬邑索高價，諸屬逢迎誰敢後？平日邀歡且多術，況此於己毫無取，不過累民鶯負販，上之所爲非吾咎。牙儈倚勢更作奸，和以泥沙官知否？此輩雖巧亦太愚，肥肉大酒邀朋友。限期收價期久愆，包賠往往私逃走。傷哉窮民食且艱，累月不得鹽到口……（註二五）

課銀的加征，窮灶已不堪負荷，而各種浮費的攤派勒索，更是鹽政的莫大弊害。這類浮費，稱之爲「規禮」或「陋規」。如泰州分司轄下的各場，凡有官員過往淮揚，均需送「程儀」；每年御史任滿時，則需送「別敬」，以致「科派陋規，幾浮正額」。在運鹽、行鹽的過程，地方官每借名盤查，妄行生事，勒索陋例。

清錢泳《履園叢話》載有〈陋吏銘〉，對鹽官的唯利是圖，極盡諷刺嘲謔：

近日捐官者，輒喜捐鹽場大使，以其職與知縣相等，而無刑名錢穀之煩也。有揚州輕薄少年用劉禹錫陋室銘而爲陋吏銘者，其辭云：官不在高，有場則名。才不在深，有鹽則靈。斯雖陋吏，惟利是馨。絲圓堆案白，色減入枰青。談笑有場商，往來皆灶丁。無須調鶴琴，不離經。無刑錢之聒耳，有酒色之勞形。或借遠公廬，或醉竹西亭。孔子云：阿陋之有？（註二六）以「陋吏」名之，可以想見人們嫌惡的心理。雖屬遊戲之筆，亦反映了社會現實。

四、災異頻傳

明末清初，災異頻傳，爲史上少見。尤其黃河多次決口，更帶來人民生命財產無可估計的損失。黃河下游河道，從河南經蘇北入海，在淮陰附近與淮河、運河會合。黃河挾帶大量泥沙，淤塞河道，加以堤防不固，時常泛溢潰決，波及淮河、運河，造成河南、蘇北年年水患。順治年間，黃河大的決口計十五次，雖用丁夫數萬治之，旋築旋決。康熙初，河患益加嚴重，自康熙元年至十六年（一六六二至一六七七），大的決口達六十七次之多，河南、蘇北一帶，飽受蹂躪。

江以北，淮以南，諸水匯爲湖，延袤數百里，而東則沮洳溼地千餘里，爲江蘇寶應、高郵、興化、東台、鹽城等地，乃田賦鹺稅所從出。沿海一帶，長隄起於廟灣，蜿蜒三百餘里，名爲范公堤。范公堤即捍海堰，唐李承創築。宋開寶中，王文祐增修，後傾圮。天聖中，范仲淹監西溪鹽倉，議更築。越三年堰成，障蔽潮汐，民得安居，因稱范公堤。吳嘉紀〈范公堤行，呈汪苐斯先生〉云「范公勞苦築長隄，洋洋潮汐不復西」，「運鹽搰搰車在野，穫稻蒼蒼水映畦」，「遺愛千年東海湄，只今強半是蒿藜」（註二七）。范堤年久失修，傾圮日甚。明時常有潰決，至清情況更形嚴重。李宗孔〈請修隄濟漕疏〉云：

順治四年至六年，連潰三載。順治十六年、康熙元年，又潰二次。今歲水勢更大，隄岸不能護。波浪滔天，橫屍遍野，慘目傷心。（註二八）

康熙六年（一六六七），黃河潰決，「沿河州縣，悉受水患，……水勢盡注洪澤湖，高郵水高幾二丈，城門堵塞，鄉民溺斃數萬」（註二九）。康熙九年（一六七〇），黃、淮並溢，高堰決口，「以數千里奔悍之水，攻一線孤高之堤，值西風鼓浪，一瀉萬頃，而江、高、寶、泰以東無田地，興化以北無城郭室廬。」（註三〇）

從順治元年至康熙二十三年（一六四五至一六八四），東台水旱頻仍，據縣志所載有以下數起：

順治二年，六月四日海溢。

順治六年，五月四日大雨，四日水漫；六月，洪水至。

順治七年，九月大水；十月朔，海潮溢。

順治八年，五月至六月連雨二旬，水三尺，禾盡淹。

順治九年，春夏旱，瘟疫行。

順治十年，夏旱且疫。

順治十一年，六月二十二日，風雨大作，海潮漲。

順治十三年，春旱，閏五月霪雨傷禾。

順治十六年，八月洪水至。
順治十八年，海潮至，淹廬舍無算；秋旱。
康熙元年，七月水決，禾無收，民饑。
康熙三年，八月海潮上，凡六至，廬舍漂溺。
康熙四年，七月颶風作，拔樹；海潮高數丈，漂沒亭場、廬舍、灶丁男女數萬人。
康熙七年，秋八月，淮水至，民饑。
康熙九年，五月大水。
康熙十年，春，水；六月、七月旱疫。
康熙十一年，七月洪水至，傷禾。
康熙十二年，水。
康熙十四年，水。
康熙十五年，水。
康熙十六年，水。
康熙十八年，蝗旱。
康熙十九年，水。
康熙二十一年，水涸。（註三一）

旱澇相繼，田稼無穫，連皇帝也憂心不已。《世祖實錄》順治十一年載曰：「朕念近來吏治廠壞，民生困苦。……頻年水旱，供億艱難」（註三二）天災人禍交錯而來，天下擾攘不安，百姓失所。順治九年（一六五二），吏給事中魏裔介奏言：

方今畿輔多失業之民，吳越有水澇之患，山左荒亡不清，閩楚饋餉未給，兩河重困於畚鍤，三秦奔疲於轉運，川蜀雖下，善後之計未周，滇黔不寧，進取之方宜裕。（註三三）

康熙即位，將三藩、河務、漕運視爲三大首要處理的事務。清廷建都北京，北京官兵食糧，賴南方各省支援，每歲輸運四百萬石漕糧至京。黃河、淮河、運河交織於蘇北一隅，如黃淮交漲泛濫，倒灌入運河，則南北交通斷絕。運河梗阻，漕糧無法及時運抵北京，將引起莫大恐慌。康熙朝，展開大規模的治河工程（註三四），爲的是「濟運通漕」，以確保政治的安定與鞏固。

第二節　創作環境

一、師承的淵源與影響

明正德年間，理學家王艮起於安豐鹽場，爲泰州學派創始人。吳嘉紀與王艮有一脈相傳的師承關係：祖父吳鳳儀爲王艮的子弟，而吳鳳儀的學生劉國柱，則是吳嘉紀的業師。因之，吳嘉紀在思想、性行上自然受泰州學派的潛移默化。

泰州學派認爲人人皆具良知，人心本樂。人心爲私欲所縛時則不樂，不過良知一覺，便能消除私欲的綑綁；而致此良知，須在生活日用上體現。生活與良知結合，起居作息，待人接物都是自然然，天機活潑。（註三五）

吳嘉紀師承王艮，追求自由適性的生活，不做作，不雕飾，不牽合矯強。對這位鄉賢，他極爲崇拜景仰，詩集中有兩首是關於王艮的，其一是〈勉仁堂〉，詩題下注云「王心齋先生精舍」：

先儒樂道儒，明月寒塘出。枯樹曉啼鳥，頹垣春長棘。余亦生此鄉，水濱訪其室。獨往意悠悠，沙禽越衡泌。（註三六）

其二是〈謁心齋先生祠〉：

我亦生斯里，先生稱大賢。人傳元以後，學在漢之前。破廟惟餘草，殘爐不見煙。階墀卿相滿，擁篲憶當年。（註三七）

勉仁堂，在安豐場月塘灣東淘精舍內，爲王艮當年講學之所。東淘精舍，後改爲祠，以祀王艮。吳嘉紀在這兩首詩裡一再提到「余亦生此鄉」、「我亦生斯里」，「與有榮焉」之情，不言可喻。

汪楫〈選陋軒詩〉有兩句品論的詩：「古人好爲詩，嘯歌抒性情；今人好爲詩，辛苦師嚶鳴」（註三八），「嘯歌抒性情」、「辛苦師嚶鳴」，正是嘉紀的寫照。方碩甫〈重刻吳野人先生陋軒詩序〉品評吳詩云：

胸有所觸，輒隨意吟咏，調不師古，亦不法今，寂寂焉獨彈無弦之琴，以自適其性情而已。（

註三九）

所謂「以自適其性情」，正是嘉紀最高的精神境界——不作虛飾，以眞面目示人。追求自由，掙脫藩籬，是泰州學派的精髓。苦難的時代，幾乎將人活潑的生機給扼殺了，嘉紀內心深處，獨立自主的意識仍流竄著豐沛的生命力，渴求無所不適的消遙。我們看他的〈今日〉詩，即可了解他的心境：

梅花落滿地，寒色倒侵軒。春好唯今日，人稀似遠村。閒親魚鳥伴，飢煮蕨薇根。此外非吾欲，兒童且閉門。（註四〇）

二、家人的欣賞與期許

吳嘉紀的家人中，兩個影響他寫詩最深的人，就是大姊與妻子。〈大姊沒百日矣，詩以哭之〉之五：

饑怨吾未報，草間甘老死。悲歌鄰里愁，姊也顏色喜。殷勤相慰勞，貰醞鱠河鯉。觴至感知我，淚下如秋水，我今擊劍歌，賞音復是誰？吾姊一寸心，顕顕九原裡。願弟爲詞人，願弟爲烈士。願類屈原嫛，不慚聶政姊！（註四一）

這一段文字，細膩地刻劃了姊弟兩人相知相惜的感情，另外透露了兩個很重要的訊息——「願弟爲詞人，願弟爲烈士」！「烈士」，何所指？不能很精確的揣摩，起碼嘉紀「力未足以誅秦」，而「縱未亡秦，亦已避秦」。至於「詞人」二字，語意明白醒豁，可知大姊對他深深的期許。

姊丈是個習章句的人，家中無米下鍋，釜甑都蒙上厚厚的灰塵了，他還能夠「吟詠樂有餘」（註四二）。這是因爲背後有個溫婉、勤奮、而欣賞他的妻子。同樣的，鄰里聽不慣嘉紀的悲歌，大姊卻是激賞地流露出喜悅之色。如今大姊沒世，他再擊劍高歌，誰是賞音者呢？

吳嘉紀的妻子，本身也善長詩詞，而且是嘉紀最佳的傾吐對象。〈哭妻王氏〉之三：

傷心今爲誰？東海商歌者。哀怨五內滿，時藉音聲瀉。栖禽中夜醒，惻愴集梧檟。山妻披衣起，傾耳殘燈下。秋花爲我落，林雨爲我灑。孤調何酸淒，猿啼蛩咽野。蘊結我方吐，妻淚已盈把。相對攄性情，詎云慕騷雅。閨房有賞識，不歎知音寡。（註四三）

他們二人不僅是夫妻，更是心靈相通的知音。嘉紀常藉著詩篇，宣洩內心的哀怨，妻子可以中夜披衣而起，在殘燈下傾聽他的吟咏。他詩中的淒楚，也只有妻子領略最深。閨房中，有如此賞識自己的人，他絕對不會感嘆世上知音寡。

有一雙燕子在陋軒築巢已十年，有一年春天嘉紀未離家出外奔波，正好雙燕歸來，他的妻子欣喜之餘，請嘉紀賦詩記事，可見她是一位心思細膩，又懂情趣的女子。她曾經表示，願意先丈夫而死，爲的只是要得到丈夫爲她而寫的悼亡詩，有如此深情又憐才的妻子，嘉紀也可說此生無憾了！

三、詩友的酬贈與唱和

吳嘉紀交游的對象，不論是官員或布衣，都有一共通點，就是工詩善詠。

仔細比對汪楫《悔齋詩》、孫枝蔚《溉堂集》、汪懋麟《百尺梧桐閣集》、方文《嵞山集》及漁洋山人《感舊集》，可發現嘉紀與友人間時有同題唱和或相互投贈的詩篇。後人可藉此了解交往諸人的事蹟行蹤，或推敲其詩意。這類詩作，爲數不少，其中還有許多限韻、次韻、分韻的作品。限韻，乃由他人限定韻腳，有時都是難押的險韻，押險韻要押得自然不容易。次韻，或稱和韻，用他人所寄的詩韻，照原詩次序，不可倒錯，且須較原詩押得工穩。分韻，則數人同作一題，將古人成句，或詩句、或詞句，各取一字做韻。以上均可說是對文字、聲韻技巧的考驗，但似乎嘉紀與他的詩友都樂此不疲，興味盎然。這也是他們創作時，一股很大的原動力。

應酬之作，包括贈別、賦謝、稱壽、賀婚、追輓等，於下章「吳詩中的應酬贈答」再作詳述。至於同題唱和，限韻、次韻、分韻之作，舉例如下：

㈠同題之作

卷一〈揚州雜詠〉八首，係與汪楫唱和之作，《悔齋詩》同題下注云：「同吳埜人賦」。

卷一〈題張良進履圖〉、〈題卓文君當爐圖〉，《溉堂前集》卷九壬寅有〈題畫五首同吳賓賢、汪舟次作〉，其三爲〈卓文君當爐〉，其四爲〈張良進履〉。

卷一〈送吳仁趾〉，《悔齋詩》作〈送吳仁趾之秦郵〉，《溉堂集》亦有同題。

卷一〈送吳仁趾北上〉，《溉堂後集》卷三庚申有〈送吳仁趾北上次吳賓賢韻五首〉。

卷一〈茉莉〉，《悔齋詩》作〈茉莉同吳埜人賦〉。

卷二〈客中七夕，時與汪長玉別〉，《悔齋詩》有〈七夕送大兄長玉〉，《溉堂前集》卷二甲辰作〈之屯留省五兄大宗伯留別賓賢、羽吉、舟次詩〉。

卷二〈新僕〉，《悔齋詩》同題下注云：「同吳埜人、孫豹人賦」。

卷三〈傅谿孤子行，追挽徐鏡如處士〉，《溉堂前集》卷二癸卯有〈追挽徐鏡如詩〉，序云：「賓賢爲作傅谿孤子行，余亦和焉。」

卷三〈郝母詩〉，《悔齋詩》亦有同題。

卷三〈題振衣千仞岡圖，爲郝羽吉〉，《溉堂續集》卷一辛亥作〈爲郝羽吉題小像〉，序云：「戴葭眉爲郝羽吉畫小像，置身千仞岡上，方爾止、吳賓賢、王幼華各題詩其上。」

卷三〈送汪二楫遊攝山〉，《溉堂續集》卷一丙午有〈送汪舟次讀書攝山〉。

卷三〈題王西樵司勳桐陰讀書圖〉，《溉堂續集》卷一丙午有同題詩。

卷五〈流民船〉，《溉堂續集》卷三庚戌有〈流民船和吳賓賢〉。

卷五〈題易書圖贈蘇母〉，《溉堂續集》卷三庚戌有〈題掩錢圖壽蘇母汪太夫人〉，序云：「吾友蘇與蒼，採古來賢母教子事，自孟母共得十二人，命工繪圖，徵詩於海內作者……」，豹人與吳各分得一圖題詠。

卷六〈秦淮月夜，集施愚山少參寓亭，聽蘇崑生度曲〉，《悔齋詩》亦有〈秦淮月夜聽蘇崑生度曲〉。

卷七〈夢硯歌，贈汪蛟門〉，《百尺梧桐閣詩集》卷十壬子有〈夢得十二硯〉詩，次年徵和。
卷九〈江都池烈女詩〉，《溉堂後集》卷三庚申有〈江都池烈女詩和吳賓賢〉。
卷十〈王解子夫婦〉，《溉堂後集》卷三辛酉有〈王解子夫婦和吳賓賢〉。
卷十〈吳氏〉，《溉堂後集》卷三辛酉有〈吳氏和吳賓賢〉。
卷十一〈挽崔凌岳先生〉，《溉堂後集》卷五癸亥有〈輓崔凌岳崑兼呈令弟揚州太守蓮生華〉詩。

(二)限韻之作

卷三〈晚發白沙〉，題下注云：「同汪舟次、吳仁趾，限『沙』字。」
卷三〈渡揚子〉，題下注云：「限本題三字爲韻，同汪舟次，吳仁趾」。
卷四〈歸東淘答汪三韓過訪五首〉，題下注云：「限『野外貧家遠』五字爲韻。」
卷四〈寄汪虛中〉，題下注云：「限『願得萱草枝』五字爲韻。」
卷五〈送汪于鼎、文治兄弟歸春草閣〉，題下注云：「限『池塘生春草』五字爲韻。」
卷五〈晚發覽社湖〉，汪楫《山聞詩》有〈晚發覽社湖〉詩，題下注云：「同周櫟園先生，吳野人、高康生、吳仁趾諸子限韻。」
卷五〈送周雪客北上〉，題下注云：「限『難爲心』三字。」
卷十一〈黃孝昭招同吳岱觀、介茲、蔣前民、魏廓功飲集幽齋，限眞、氣二韻〉詩。

(三)次韻、和韻之作

卷二〈次韻答黃鳴六見懷〉。

卷二〈酒旗〉，題下注云：「和汪舟次」。

卷二〈秋原〉，題下注云：「和郝羽吉」。

卷二〈黃葉〉，題下注云：「和程飛濤」。

卷二〈和詠老人燈〉，《溉堂後集》亦有〈詠老人燈〉。

卷二〈酒間口號答句曲張鹿床〉，題下注云：「次來韻」。

卷四〈揚州九日〉，題下注云：「和西樵『登高』二韻。」

卷七〈詠走馬燈和黃摶遠〉。

卷七〈汪扶晨自新安之吳門，遇於竹西，奉送四首〉，題下注云：「次扶晨留別韻」。

卷九〈和韻答周雪客五首〉。

卷九〈劉希岸招飲於南梁〉，題下注云：「次劉見贈韻」。

卷十一〈田綸霞先生見亦方園雜詩，次韻奉答〉。

《詩續》卷下〈訪林茂之，次茂之喜予過訪韻〉。

(四)分韻之作

卷三〈上巳集汪叔定，季角見山樓〉，題下注云：「分得『風』字」。

卷三〈初冬郊園飲集〉，題下注云：「分得『殊』、『幽』二字」。
卷三〈葭園讌集〉，題下注云：「第二會，分得『東』、『臺』二字」。
卷四〈飲康草堂〉，題下注云：「九月八日，汪長玉招同王西樵、郭飲霞、汪左嚴、程翼士分韻，得一東」。
卷四〈送汪三韓之秦郵〉，題下注云：「分韻得七虞」。
卷四〈送汪左嚴之虎墩〉，題下注云：「分得『冬』字」。
卷五〈過程臨滄山閣看梅〉，題下注云：「同諸子分韻，得六麻」。
卷六〈送張菊人明府歸江南，因邀泛晏溪，登天妃山頂，分韻三首〉。
《詩續》卷上〈酬鳳祖、雨臣、摶遠、水湄見過，得六魚韻〉。
《詩續》卷下〈登東亭南城夕眺，同以賓、趾振、松弟分韻〉。
《詩續》卷下〈十七日別趾振，得寒字〉。

第三節　《陋軒詩集》的刊刻

《陋軒詩集》的刊刻，最早見於康熙初周亮工賴古堂刻本。周序云：「（汪舟次）因出其手錄《陋軒詩》一帙示予，余讀之，心怦怦動。……因彙其前後之作，刻爲《陋軒詩集》……賓賢是集行世，會有知之者。」（註四四）周序題為「康熙元年，歲次壬寅」，然集中收詩止於康熙三年，楊積慶先生說：「北京圖書館藏賴古堂本《陋軒詩》，係分體編纂，收詩三百餘首，其不見于各本者凡九十首。」（註四五）

周本行世後，嘉紀之名，果然不脛而走。康熙六年，汪芾斯分司東淘，復裒其全集，錄詩近四百詩。夏嘉穀跋云：「康熙丁未，錢塘汪芾斯分轉東淘，雅重先生，為裒全集，得詩四百首，續梓以行。」（註四六）汪兆璋再刊嘉紀詩，於是大江南北知有先生，名聲漸達於京師。

其後嘉紀所作篇什日益增多，好友方鴻逵合其前後詩重付剞劂。康熙十八年汪懋麟序云：「先生之詩日益多，不自收拾，其友方于雲，裒其前後詩，重刊精好，吾黨義之。」（註四七）于雲，鴻逵字。

康熙二十三年，嘉紀歿，友程岫、汪楫復梓其遺稿為六卷。陸廷掄《江村詩序》：「甲子秋，客廣陵，再過雲家，則野人已前死數月，遺稿多放失未梓，雲家悉捃拾排纘，付其友汪悔齋太史發梓，為《陋軒集六卷》。」（註四八）《江村詩》者，程岫所撰。

乾隆三十年，泰州陳璨於坊間購得方鴻逵本，依舊刻校補另作刊行。陳璨〈重訂陋軒詩後序〉云：「詩初刻於櫟園周司農，繼刻於分司汪芾斯，為數不滿四百篇。今本較舊刻加多逾倍，蓋先生故人方于雲又從而裒錄之者也。……因購得坊肆見行版，更取家藏舊本，逐一讎對，補其殘闕，并字句有漫漶不可識者，亦一併刊正以行。」（註四九）

其後，繡水王相據陳璨本覆刻於《清初十大家詩鈔》中，爲信芳閣活字本。嘉、道間，泰州繆中重刊《陋軒集》，依汪刻析六卷爲十二卷。後版歸同邑夏荃所有，夏氏增選陋軒未刻詩百二十餘首，編爲續集，分上下二卷，附刻集後。道光二十年，泰州夏嘉穀購得繆版，補闕正譌，重加校訂，印以傳世。

入民國後，又兩度刊行：一爲民國五年，丹徒楊氏絕妙好辭齋刊本四冊；一爲民國九年，楊程祖重刊本三冊。遷台後，民國五十五年，文海出版社曾發行道光庚子（二十年）夏氏藏版影印本。一九七八年，大陸學者楊積慶先生以夏荃刻本爲底本而作箋校，其書參諸各家版本、詩集及相關府志、縣志，訂正闕誤，比較異同，甚稱詳備。（註五〇）

目前國內所能看到的本子，有：台大研圖藏康熙十八年泰州汪懋麟玉蘭堂刊本、中研院史語所藏民國五年絕妙好辭齋本及民國九年楊程祖重刊本、文海出版社民國五十五年影印道光二十年夏氏刻本。本論文依據之底本，即爲文海出版社影印之夏氏刻本。

第四節　《陋軒詩集》的流布

吳嘉紀一生究竟寫了多少詩，後人無法確知。其詩在前清已刊刻數次，凡觸及時諱之詩，其時多已遭刪削。

乾隆三十七年（一七七二），詔開四庫全書館，表面上以稽古宏文爲名，發中秘之藏，廣獻書之路，以網羅散佚。實則藉此搜查公私藏書，企圖徹底剷燬違礙悖犯文字，以禁錮文人思想。江蘇巡撫兼署兩江總督薩載，採方于雲刻《陋軒詩集》以進。《四庫存目提要》列《陋軒詩集》四卷，謂：「國朝吳嘉紀撰。嘉紀，字野人，泰州人。泰州多以煮海爲業，嘉紀獨食貧苦吟，屏處東淘，自銘所居曰陋軒，因以名集。其詩頗爲王士禎所稱，後刊板散佚，此本乃友人方于雲裒集重刻者也。」（註五一）孫耀卿《清代禁書知見錄》列有康熙元年賴古堂大業藏本《陋軒詩》八卷，註明：泰州吳嘉紀撰、大梁周亮工選訂。另列有康熙戊申玉蘭堂刊本《陋軒詩》六卷。《清代禁燬書目補遺二》謂玉蘭堂刊本：「此書內有送屈翁山詩二首，且有違礙句，應請銷燬。」屬於「全燬類」。（註五二）清代書籍之禁燬，大致分有「全燬」、「應燬」、「違礙」、「抽燬」等類，以「全燬」最爲嚴重。

《陋軒詩集》中，送屈翁山詩，見於卷九〈送友人之白門〉二首。詩中有云：「有客入門來，不識客何人？長跪問姓姓字，是我平生親。吳雲與粵梅，相見有何因？復問離居日，庭草二十春。庭草綠又黃，我耄君齒強。會晤只須臾，喜極生悲傷。」又云「流淚有何用？志士成荒丘，君今欲安適？採蕨野颸颸。飢馬鳴廢宮，斜陽使人愁。」（註五三）有人由這兩首詩據以判斷吳嘉紀曾參與抗清活動，立論雖嫌薄弱，但他與屈大均的交情及詩中流露的故國之思，卻是不可否認的。

至於談到詩集中的違礙語，那是觸目可見。清初對書籍採行的禁燬措施，其對象包括表達不忘前朝、發爲憤懣之辭者及訕譏夷人風俗或詆斥清人暴行者。由夏刻本幾處挖空句及敏感詩題遭刪削，即可明白其時輯錄者及刊刻者的避忌，如：

卷二〈一錢行贈林茂之〉——「酒人一見皆垂淚，乃是先朝□□錢」（註五四），挖空處爲「萬曆」二字。

卷七〈臘月四日贈袁姊丈〉——「□□風俗今非舊，落日踟躕淚滿巾」（註五五），挖空處爲「中原」二字。

卷八〈舉世無知者五韻五首，和贈吳蒼二〉之五——「□□此何時？詩書手尙把」（註五六），挖空處爲「山河」二字。

卷十〈李家孃〉——「手牽拽語，□□笳吹」（註五七），挖空處爲「兜離」二字；「獨有李家孃，不入□□栖」，挖空處爲「穹廬」二字。

又如〈過兵行〉一詩，記揚州屠城後十年，清軍再次蹂躪揚州、擄掠婦女的暴行，夏本未見此詩，楊積慶《箋校》謂：此詩見抄本《詩續》，夏靜岩先生謂：刊刻者「嫌傷時」，而未收錄（註五八）。

清室大規模的燬書運動，雖在高宗乾隆期，然早在康熙時已下詔清除「異端僞說」，民間藏書秘錄，務期搜訪罄盡，以免流播民間。康熙朝，莊廷鑨明史獄、沈天甫詩獄、朱方旦刻秘書案已開啓文字獄的箝制手段，雍、乾兩朝搜訪愈緊、牽連益廣，手段越見慘酷，戮屍、凌遲、斬立決、發配邊疆，腥風血雨，學人文士不寒而慄。

雍正八年發生的屈大均詩文案及持續至乾隆四十年的雨花臺衣冠塚案（註五九），屈氏子孫被斬、詩文遭焚燬，牽涉屈氏而同遭禁燬的書籍不下十餘種，《陋軒詩》爲其一。《陋軒詩》在康熙朝已刊刻，迄乾隆末世，詩集刊布流傳的艱辛，可以想見。

除文字禁燬的因素外，鈔錄、選訂、刊刻之時，亦有因個人好惡，產生的刪削。《陋軒詩》數刻後，至嘉慶年間，繆中重刊，詩益爲人知。夏荃《退庵筆記》云：

先生詩實不止此。東淘施丈井亭，藏陋軒未刻詩二冊，一爲孫豹人手訂，一爲陋叟自鈔。乾隆戊子，宮丈節溪游東陶，於井亭處見之，攜鈔本歸，……計詩三百六十餘首，其已見陋軒詩刻者，約十之一，餘詩多可傳。宮丈曾三選，得詩百七首……余取全帙，詳加遴選，得詩百二十餘首……」（註六〇）

楊積慶《吳嘉紀詩箋校》，有徐震堮〈前言〉，徐氏謂：

《續詩》兩卷，曾假得北京文學研究所藏的鈔本對勘一過。鈔本是夏氏付刻時的底本，用紅格紙鈔錄，書口上刻「陋軒詩」，下刻「宋石齋」。分爲二卷，上卷一百二十首，下卷五十二首，與刻本略有出入。案宋石齋即夏荃齋名，鈔本前有劉寶楠題記，全書朱、墨批改甚多，朱筆似出夏氏手筆，墨筆批注則出於劉氏。（註六一）

《陋軒詩集》目前一般所見，爲道光年間泰州夏氏刻本，此本固非吳詩全璧。如〈哭吳雨臣〉，夏刻僅收兩首，賴古堂本作六首；著名的〈絕句〉詩，賴古堂本題爲〈安豐場絕句四首〉，且前兩句「白頭灶戶低草房，六月煎鹽烈火旁」，作「場東卑狹海氓房，六月煎鹽如在湯」，文字有出入；甲辰清明，和王阮亭的〈冶春絕句〉，夏刻止八首，賴古堂本有十一首；〈贈歌者〉，各本俱爲兩首，夏刻止收一道；〈送吳仁趾北上〉，孫枝蔚《溉堂集》引作五首，各本均作四首；漁洋《感舊集》收錄〈九月十五夜聞新鴈〉及〈爲吳爾世題漸江上人畫〉二詩，各本俱無；鈔本《陋軒詩續》有〈題楓山草堂〉詩，劉寶楠批「刪」字，又有〈代袁漢儒輓崔老人〉詩，劉批「此應酬之作，擬刪」；以上各詩，楊積慶先生均據以補入《箋校》卷十五。

雖經各家辛苦綴輯，吳詩當尚有散佚不存者，如劉文淇〈陋軒詩續序〉中，提及過禪智寺，於壞壁石刻中，錄得「長公詩句在香臺」及「拭盡寒煙舊鮮痕」二首絕句，初集、續集均未載。（註六二）又如汪懋麟《百尺梧桐閣集》卷七己酉有〈諸兄弟同友人攜酒餞余見山樓下，聽妓度曲，賓賢、舟次家兄各賦絕句，依韻奉答〉詩，而《陋軒詩集》中無此詩，相關詩集、方志亦失載，可見輯佚之不易。

【附註】

註一：引自楊積慶：《吳嘉紀詩箋校》，〈附錄〉五，頁五五一。

註二：《詩集》頁七〇九。

註三：《詩集》頁七〇一。

註四：《詩集》頁四至五。

註五：見〈隄決詩〉詩序，《詩集》卷九，頁五二四。

註　六：〈臘月四日，贈袁姊丈漢儒〉，《詩集》卷七，頁四一〇。

註　七：陸廷掄〈陋軒詩序〉：「吳子之以詩爲史」，《詩集》頁二一。

註　八：參見謝國楨：《南明史略》，四〈大江南北的義師〉，頁九二至九三。

註　九：耗羨又稱火耗，因折銀交納稅款時，不良銀色，經過鎔鑄，必有損耗。

註一〇：《清聖祖實錄》，卷二十二，頁一二。

註一一：見楊積慶：《吳嘉紀詩箋校》所引，卷一，頁九。

註一二：卷一〈田產〉二，頁二四。

註一三：引自陳鋒：《清代政鹽政與鹽稅》，頁一一二。

註一四：引自陳鋒：《清代鹽政與鹽稅》，頁一一六。

註一五：《清聖祖實錄》，卷二十二，頁一二。

註一六：卷六，頁一五〇。

註一七：《雪橋詩話》續集，卷二，頁八三至八四。

註一八：《清朝通志》，卷八十三〈食貨略〉，頁七二四一至七二四二。

註一九：《康熙政要》，卷十五〈論貪鄙〉，頁六。

註二〇：《清聖祖實錄》，卷三十四，頁六。

註二一：卷六，頁一四九。

註二二：卷六，頁一五〇。

註二三：引自錢仲聯：《清詩記事》，五〈康熙朝卷〉，頁二五二二。

註二四：引自錢仲聯：《清詩記事》，五〈康熙朝卷〉，頁二八七八。

註二五：《溉堂續集》，卷三，頁七。

註二六：《叢話》二一，〈笑柄〉，頁五六四至五六五。

註二七：《詩集》卷五，頁二七五。

註二八：見楊積慶：《吳嘉紀詩箋校》，卷五，頁一五三所引。

註二九：《清史稿》，卷一三三，志一〇八，〈河渠一〉，國史館校注本頁三六三〇。

註三〇：〈工科給事中李宗孔疏〉，《清史稿》，卷一三三，志一〇八，〈河渠一〉，國史館校注本頁三六三〇。

註三一：嘉慶《東台縣志》，卷七〈祥異〉，頁一〇至一二。

註三二：《清世祖實錄》，卷八十三，頁二四。

註三三：《清世祖實錄》，卷六十六，頁二。

註三四：康熙十六年，安徽巡撫靳輔爲河道總督，以淮刷黃，深通河口。輔言：「治河當審全局，必合河道、運道爲一體，而後治（河）可無弊。」《清史稿》卷一三三，志一〇八，〈河渠〉一，校注本頁三六三一。

註三五：王艮〈樂學歌〉云：「人心本自樂，自將私欲縛，私欲一萌時，良知還自覺，一覺便消除，人心依舊樂。樂是樂此學，學是學此樂。」勞思光先生認爲「樂」指「道德主體自由之境界」，「學」爲「要實現此境界之努力」，見所著《中國哲學史》三卷五章，頁五二〇至二二一。

註三六：《詩集》卷六，頁三五九。

註三七：《陋軒詩續》卷下，《詩集》頁七五九。

註三八：楊積慶：《吳嘉紀詩箋校》，〈附錄〉六，頁五一三。

註三九：楊積慶：《吳嘉紀詩箋校》〈附錄〉四，頁五〇〇。

註四〇：《陋軒詩續》卷下，《詩集》頁七八三。

註四一：《詩集》卷八，頁四六二。

註四二：〈大姊沒百日矣，詩以哭之〉之三，《詩集》卷八，頁四六一。

註四三：《詩集》卷十二，頁六七三至六七四。

註四四：《詩集》頁七〇〇至七〇三。

註四五：《吳嘉紀詩箋校》編例三，見該書編例頁一。

註四六：《詩集》頁六九四。

註四七：《詩集》頁一七至一八。

註四八：嘉慶《東台縣志》，卷三十九〈撰述〉，頁一一。

註四九：楊積慶：《吳嘉紀詩箋校》，〈附錄〉四，頁四九五。

註五〇：楊氏以夏刻爲底本，將卷次略作更動，原《陋軒詩續》上下二卷，改編爲卷十三、十四，又增補輯佚若干，另編爲十五卷。此外，刪除了〈義鶻行〉、〈挽劉昇〉、〈鄰家僕婦行〉、〈割肉詩爲新安汪孝婦作〉、〈姪女割股詩〉、〈挽程母〉之二、〈汪節婦詩〉、〈吳氏〉等具「封建」思想的詩作。楊氏彙合比勘有關書籍，逐字逐句箋校，並輯存七篇附錄，頗具參攷價值。又夏刻《陋軒詩續》卷下最末一首詩〈宿白末邨〉，與本集卷三〈宿白米村〉重見，楊氏亦將其刪除。唯同屬《詩續》卷下的〈九月十五日過胡翁寓齋，值紅梅開一枝，同諸子分賦〉詩，楊氏《箋校》已收入卷十四，頁四三二；而卷十五，頁四六一，又有〈九月紅梅〉詩，兩詩僅第二句「寒梅」、「老梅」，有一字之差，餘三十九字均相同，顯係重出。

註五一：《四庫全書總目提要》三十六，集部，別集類存目九，頁一〇六。

註五二：參見吳哲夫：《清代禁燬書目研究》，頁二九七。

註五三：頁四八三。

註五四：《詩集》頁九四。

註五五：《詩集》頁四一一。

註五六：《詩集》頁四七四。

註五七：《詩集》頁五六五。

註五八：夏靜岩：〈讀吳嘉紀的陋軒詩及陋軒詩續抄本〉（續），光明日報，一九六三、十、七。

註五九：參見《清代文字獄檔》，第二輯〈屈大均詩文及雨花台衣冠塚案〉，頁二一〇至二一一。

註六〇：卷九，頁四。

註六一：頁三。

註六二：楊積慶：《吳嘉紀詩箋校》〈附錄〉四，頁四九九。楊氏補入卷十五，頁四七〇。

第五章　吳嘉紀的詩歌內容

嘉紀生於朱明末造，移姓改祚之際，胡馬長驅南下，蹂躪中原百姓。入清後，四鎮殘餘相率為寇，肆擾江北；地方飢民，遇有水旱，又淪為盜匪；江南抗清勢力彼伏此起；鄭氏負嵎奮戰，江口聚兵；三藩作亂，前後長達八年；縱觀嘉紀一生，有四十餘年皆在烽火漫天的歲月中度過。兵燹摧殘之餘，田園荒蕪，鹽場凋弊。官府依舊催租逼稅，甚至加重賦役。雨潦潮患，再加旱蝗饑饉，百姓何來餘物飽妻孥？官吏中飽私囊，朝廷空有蠲賦救災的美意，人人相率逃荒逐熟，流民滿路，轉乎溝壑……

這一幕一幕的亂世影像，不停的在他眼前搬演，使他無法安於沉默，「有懷不肯默，緣調發哀樂」（註一），他認為這是他的責任。同邑人王斌過世時，他所寫的輓詩有云「死去文章在」、「賦詩悲亂世」、「精魂實避秦」（註二），這些何嘗不是他的寫照？他的詩揭露了清軍的橫暴、官吏的貪酷、水患的肆虐，為歷史留下了見證。

尤其是他所僻處的海濱，就像陸廷掄〈陋軒詩序〉所說的：「數十年來，揚郡之大害有三：曰鹽筴、曰軍輸、曰河患。」（註三）。垢面變形的鹽民，終歲辛勞，不得換取一飽；來來往往穿梭於運河的漕運船，在軍吏執鞭下，力作不休；陡然掀起的滔天巨浪，隨時可吞噬生命；他本著人道主義的崇高胸懷，對呻吟於人禍天災下的人們，寄予無比的關懷與同情，而寫下可貴的詩篇。

除反映時代外，《陋軒詩集》中尚有發抒故國之思、表達處世心態、描繪婦女及登臨山水的作品，另有一些題畫、酬唱之作，也一併論述於下。

第一節　吳詩中的兵燹荼毒

從明末到清初的四十餘年間，兵戈滿地，烽火不斷。吳嘉紀的家鄉，小言之東淘，次言之泰州，大言之揚州，在清軍南下、敗兵逃竄時，備受蹂躪，死傷慘重。

順治二年（一六四五）四月，清兵圍揚州。二十五日城破，清兵屠戮十日，血肉狼藉，道路積屍。〈挽饒母〉之三：「憶昔蕪城破，白刃散如雨，殺人十晝夜，屍積不可數。」（註四），〈李家孃〉詩亦述及清軍殺人如麻的慘狀：「城中山白死人骨，城外水赤死人血。殺人一百四十萬，新城舊城內有幾人活？」（註五）因揚州戰事影響，安豐亦受到波及，〈傷哉行〉云「緬懷乙酉歲，里閭爲戰場」（註六）。在此之前，四鎮爭地搜括，已使市面蕭條不堪，〈贈王生伯〉云：「憶昔甲申歲，四鎮擁兵卒，與平稱最強，爭地民不恤。下令助軍餉，威迫甚於賊。國家財富區，一朝爲蕭瑟。」（註七）

四鎮軍紀原本不良，潰敗後更是騷擾地方，使民不安業。如高杰的殘部四處逃竄擄掠，其家屬奔至泰州，舟楫驛馬搜刮一空。〈我昔五首，效袁景文〉之一：「我昔客途逢敗兵，弓弦旆影風秋鳴；殘騎如狼散草莽，居人雞兔奔縱橫。」（註八）同詩之四又云：「我昔兵過獨還家，畦上髑髏多似瓜」（註九）戰爭時，嘉紀攜家逃難，兵災過後，再回到家鄉，但見田隴上一顆顆堆疊似瓜的頭顱，景象怵目驚心。

江南抗清活動，在明亡後持續不已。清廷為鎮壓反抗勢力，頻頻調兵南下。揚州屠城後十年（一六五五），清兵再次過境，踐踏人命，擄掠婦女。〈過兵行〉云：

> 揚州城外遺民哭，遺民一半無手足；貪延殘息過十年，蔽寒始有數椽屋。大兵忽說征南去，萬馬馳來如疾雨；東郭踏死可憐兒，西鄰搶去如花女。女泣母泣難相親，城裡城外皆飛塵；鼓角聲聞魂欲死，誰能去見管兵人。令下養馬二十日，官吏出謁寒慄慄；入郡沸騰曾幾時，十家已燒九家室。一時草死木皆枯，骨肉與家今又無，白髮歸來地上坐，夜深同羨有巢鳥。（註一〇）

經過十年的喘息，揚州人民好不容易有了自己蔽寒的屋舍。可是，鐵騎萬匹突然飛馳而來，揚州再次遭到血洗。滾滾煙塵中，骨肉被擄，房舍被燒，白髮老翁跌坐地上，已一無所有。

順治十六年（一六五九）夏六月，鄭成功攻入長江，破瓜州，儀徵。淮南沿場戒嚴，清廷下令大修戰艦。康熙十三年（一六七四），耿精忠舉兵，三藩亂起。是年秋攻破徽州，揚州城中驚恐，士女奔竄，〈與程梅憨〉有句云「昨聞徽州忽遘亂」（註一一），又〈汪扶晨自新安之吳門遇于竹西奉送四首〉之四有「路梗聞兵過」句（註一二），均指此事。

康熙十六年（一六七七），鄭成功海艦深入，圍攻江寧。嘉紀時年六十，〈八月十二日寄楊蘭佩〉有句云「何日吳天烽燧靜」（註一三），又云「兵戈消盡盛年時」（註一四），誠然，吳嘉紀的大半生都在烽火中度過。

吳嘉紀的作品中，時見描繪兵燹的詩句，如「憶昔屠城慘不堪」（註一五）、「鐵騎來萬匹」（註一六）、「中原正舉烽」（註一七）、「烽火終年舉，人煙幾處稠」（註一八）、「十年避兵戈，萬姓凋道路」（註一九）、「兵火猶存寺，乾坤未息戈」（註二〇）、「戎馬猶酣戰，舟航獨遠歸」（註二一）、「夜深鳴戰馬，聞之旋掩耳」（註二二）、「海上干戈後，此意向誰告」（註二三）……，有些能明白所指，有些則無法判定寫作背景。

賴古堂本《陋軒詩》收錄有〈遠村吟〉一詩：

城郭兵火後，見者傷蕭然。吁嗟此遠村，誰知尤可憐！居民落日下，往往無炊煙。不能支旦暮，況頻遭凶年！土田喜贈人，宅舍時棄捐。無處不榛艾，有鄰皆烏鳶。一二舊主人，爲人方種田。（註二四）

戰火席捲宇內，連僻遠的鄉村亦劫數難逃。傍晚時分，遠村不見炊煙，因爲家家都難以舉火。太平時節，人人爭著求田問舍，荒歉的年頭，爲了逃避重稅，寧可捐田棄宅，結果形成了地主、佃農易位的怪現象。

賴古堂本另收有〈安豐場絕句四首〉，其二云：

兒童弄武范公堤，塞馬騰來踏作泥。無數髑髏衰草裡，年年變作野禽啼。（註二五）

兒童在范公堤旁玩耍嬉戲，塞外南下的胡馬忽然飛騰而來，把稚嫩的身軀踐踏成肉泥。無數的枯骨丟棄在草野中，化成年年哀啼的野禽。

總之，那是一個狼煙四起，人命危淺的年代。

第二節　吳詩中的苛徵重役

頻年戰亂，百姓在兵戈擾攘中輾轉呻吟。濱海之地，呈現一片蕭條衰敝的景象。清廷爲支應軍餉、漕運及各項建設，以苛稅重役盤剝無助的人民。地方胥吏，更是張牙舞爪，借端需索，賦外加賦。而造船、築堤等繁劇的勞役，也加諸衰病之軀，力不能任，則鞭笞凌辱，全然不顧死活。

吳嘉紀置身於清初虐政下，將當時所聞所見，以凌厲的筆鋒、憤慨的語調，一一呈現出來。

〈臨場歌〉，寫官差到鹽場催徵鹽稅，惡形惡狀，作威作福，逼得灶戶賣兒鬻女。詩云：

掾豺隸狼，新例臨場。十日東淘，五日南梁。趨役少遲，場吏大怒。騎馬入草，鞭出灶户。東家貫醪，西家割彘。殫力供給，負卻公稅。後樂前鉦，鬼咤人驚。少年大賈，幣帛將迎。帛高者止，與笑月下。來日相過，歸比折價。笞撻未歇，優人喧闐。危笠次第，賓客登筵。堂上高

會，門前賣子。鹽丁多言，箠折牙齒。（註二六）

詩一開頭，即以豺狼形容凶狠的官吏和差役。吏役按照新例，在春秋兩季到鹽場追徵欠稅。騎著馬穿梭在鹽場、草田間，動輒大怒，鞭笞灶戶。灶戶懾於他們的淫威，被迫賒欠醇酒美食來款待他們。窮灶戶已竭盡心力來供養這些人，卻仍然拖欠下一大筆公稅。官差來到時，鳴鑼開道，鼓吹後隨，派頭十足。有錢人家以錢財行賄，可免去催逼，且與官差在月下談笑；而拖欠稅負的窮人家，不日又將被官差折銀索償。繳不出欠稅，就須受官差鞭撻，鞭撻聲還未停歇，已看到官府貴人在盛會華筵上享樂，而此時窮人正在門前賣掉自己的骨肉，以償付稅款。如此尖銳的不平，鹽丁還不敢多言，因爲多講話，牙齒會被箠折！

全詩充滿憤激之情，一腔怒火無法壓抑！酷吏的凶殘貪暴躍然紙上，讓人深惡痛絕，而小民的不堪折磨亦強烈而鮮活的呈現眼前。本詩對其時徵稅的殘酷，作了毫不留情的揭露。

〈海潮歎〉，寫天災過後，百姓產業蕩盡，而官府還是照樣催逼賦稅。詩云：

颶風激潮潮怒來，高如雲山聲似雷。沿海人家數千里，雞犬草木同時死。……堤邊幾人魂乍醒，只愁征課促殘生。斂錢墮淚送總催，代往運司陳此情。總催飽入官舍，身作難民泣階下。述異告災誰見憐？體肥反遭官長罵。（註二七）

颶風掀起海潮，使數千里受災，物毀人亡。倖免於難的人，驚魂未定，立刻又愁苦起來，因爲「征課」足以摧折他們的殘生啊！好不容易湊了一些錢，含著淚送給催收賦稅的總管，希望他去向鹽運司陳述災情，放他們一條生路。誰料總催酒醉飯飽後，才裝作難民去告災。結果，官長根本不同情災情，反而斥責「告災」的人，長得一身痴肥！

本詩刻畫了催稅者貪婪顢頇的嘴臉，也揭露了管理鹽務的人不知關懷民瘼，深入體察下情。民不堪命，正因天災、人禍交相逼迫而來。

〈堤決詩〉第九首，寫水患之後，稅吏掩飾災情，以錢行賄長官，力求開徵稅收。詩云：

> 去年夏秋雨澤絕，嘉禾枯似翁媼髮。今年天漏夏日冷，黃魚黑鱉戲樹頂。無稅無糧官長矜，吏胥用錢求開徵，以災為豐爾最能。（註二八）

稅吏無視災情，不但不請求蠲免，反而掩蓋眞象——「以災為豐」，請求開徵稅收。此間，頗值得玩味，莫非有徵斂，才有「上下其手」的機會？

〈堤上行〉第一首，寫災民田地沒盡，農作流失，官員仍是不肯減租。詩云：

> 高低田沒盡，横流始歸海。壞堤石出何磊磊，官長見田不見湖，搖手不減今年租。未崩河堤餘幾丈，留與催租者。草枯風瑟瑟，往來走驛馬。（註二九）

大水横流，田野漂沒。官員前來勘察災害，裝作視而不見，硬說沒有災情，不肯減收租稅。災民一無所有，而僅餘的數丈河堤還要留給催租者，讓他們往來跑馬收租。

濱海之鄉，水患較多，但乾旱亦不能免。遇有旱災時，官府亦照樣收稅。如〈溪翁〉詩云：「草白如關塞，塵飛遍陌阡。城中催賦吏，策馬到門前」（註三〇）。

催賦之人經常都搜刮殆盡，從不稍加寬容，百姓只好拼盡老命來繳稅。繳了稅後，自己卻必須忍受飢餒。〈冬日田家〉第三首：「里胥復在門，從來不寬貸。老弱汗與力，輸入胥囊內。囊滿里胥行，室裡饑人在」（註三一）。如果繳不出賦稅，還須挨一頓毒打。〈二月十三日王鴻寶七十初度，贈詩四首〉之四：「終朝催賦騎駸駸，賦外誅求力豈任？官長撻膚凋赤子……」（註三二）〈稅完〉詩云：「輸盡甕中麥，稅完不受責。肌膚保一朝，腸腹苦三夕。」（註三三）納盡甕中的米糧，才能勉強應付稅負。皮肉雖然暫時免遭鞭笞，肚皮卻必須長時間忍受飢苦。這首詩充分暴露了當時稅課的苛重及百姓走投無路的深沉悲哀。

其實，善良的百姓也知道應該繳稅，如「復洲田四首與老友陳鴻烈」之三云：「城中輸賦歸，餘生免喪亂，稅課安敢遲？」（註三四），只是一負未釋，一負又加，沉重的稅負讓他們無法維持生計，最後只好逃到外地，以避徵稅。〈歸東淘答汪三韓過訪〉：「隴無荷鋤人，路有催租馬。白骨委塵埃，盡是逋賦苦」（註三五），〈懷王鴻寶二首〉之一：「何事盡室逃？公家賦稅苛。追呼曾幾日，村村無人家」（註三六），百姓拋棄家園，舉室逃亡，以致村墟寥落，不見人家。〈船中曲〉之九：「斷梗不怨風，浮萍不思土，鄉園摒棄絕，租吏餓殺汝」（註三七），事實上，稅吏絕不會因人民棄家而餓斃，人民拋離家鄉亦未必能擺脫苛政，但從「餓殺汝」三字，可看出百姓強烈的厭惡與反抗。

除苛稅外，還有繁重的勞役。〈江邊行〉，寫清軍強行在江南各地伐木造船，以加強海防。詩云：

江邊士卒何闐闐？防敵用船不用馬。督責有司伐大木，符牒如雨朝暮下。中使嚴威震舊京，軍令還愁不奉行。親點猛將二三十，帥卒各向江南程。江南誰家不種木？到門先索酒與肉。主人有兒責不暇，供給焉能厭其欲！老松枯柏運忽促。精魂半夜深山哭。一一皆題上用字，樹樹還令運出谷。出谷到江途幾千？將主騎馬已先還。家貲破費盡不足，眾卒仍需常例錢。道路悲號不住口，槎枒亂集成山阜。一朝舟檝滿沙汀，只責數多不責精。君不見揚州戰船六百隻，輸盡民財乘不得。寒潮寂寞葦花開，日暮灘頭渡歸客。（註三八）

清廷督責有司至各地伐木，符牒急如雨下。軍卒所到之處，敲詐逼索，難以饜足。深山中的老樹枯柏也不放過，一一從山谷運出（註三九）。小民破盡家貲，而造成的戰船卻又擱置不能使用。

據〈世祖實錄〉記載：

順治十六年己亥秋七月，命户部尚書車克往江南催集各省錢糧，製造戰船。賜之敕曰：進勦海寇，製造戰船，需用錢糧浩繁，必應用不匱，始克刻期告成。（註四〇）

又據〈聖祖實錄〉載：

順治十八年辛丑夏四月，吏科給事中嚴沆疏言：海氛不靖，非戰艦不能撲滅。上年臣鄉修造海船時，地近省會者，尚不敢盡派民間。至僻遠小邑，督撫見聞稍有不及，皆均攤畝，加派催徵。近日正供糧餉，逋欠猶多，而復加攤額外，勢必失業拋家。（註四一）

所謂「海氛不靖」，指鄭成功攻入瓜州，造成海防威脅。

〈鄰翁行〉，記鄰家白髮老翁，被搜捕去造船的辛酸。詩云：

> 鄰翁皓首出門去，慟哭悔作造船匠。……聞道沿江防敵兵，造船日夜聲丁丁。工師困憊不得歇，張燈把炬波濤明。監使還嫌工弗速，如霜刀背鞭皮肉。肉爛腸饑死無數，拋卻潮邊飽魚腹。力役人稀大將嗔，遠近嚴搜及老身。眼看同輩死亡盡，衰羸焉有生歸辰？……常憑微技日圖存，微技誰知喪一門！君不見船成蕩漾難舉步，千檣萬櫂蘆灘住。增金急募駕舟人，有司又派江南賦。（註四二）

為了加強江防，日夜不停的趕工造船，連晚上也張燈把炬把江面照得一片通明。工匠們疲困不堪，仍然不得歇息，監工的人還嫌他們工作的速度太慢，拿著刀背砍打他們。有些人肉爛腸饑，最後被丟到江中，葬身魚腹。力役越來越少，所以薄有微技的老翁也被強徵去造船。家鄉的妻與子因而連朝斷炊，至此老翁不得不懷疑「懷技在身」竟然也是一種錯誤！看看一起造船的人死亡殆盡，像他這樣衰老羸弱的身子，還有生還的一天嗎？船造好後，災難還沒有終止，因為「增金急募駕舟人，有司又派江南賦」——新的徵派又接踵而至！

清初，徭役繁興，〈後七歌〉有云：

> 六十老兄仰天泣，田鬻他人名在籍。吏胥呼去應徭役，長跪告免免不得。（註四三）

六十歲的老兄，地已經賣給別人了，可是田籍的名字還未更改，依然被抓去應徭役。族中有人逃役，吳嘉紀本身連半畝田都沒有，也被抓了去。〈歸東淘答汪三韓過訪〉之二詩云：

> 徒隸持州帖，雁行柴門外，族有逃役者，署名呼我代。我無半畝田，征稅何由派？密網及無辜，天

地可趨背。（註四四）

可見當時徵役的漫無標準。由於需求人力孔急，除強拉壯丁外，老弱之士亦不能免。《清稗類鈔》記王士禎司理揚州時，去探望以詩歌名江表的邵潛夫，邵以斗酒款待，士禎欣然引滿，流連多時。時潛夫已八十餘，家貧，苦徭役。有司見王士禎如此敬重他，立除其役（註四五）。由這則記載，可知清廷雖規定丁役止到六十歲，事實並不然。

嘉紀次男名瑤琴，四歲時送與叔兄爲嗣子，後因伯母憐女不憐姪，備受欺凌，又重回生母旁。嘉紀對他無限疼惜，長大後仍覺虧欠他，〈辛亥孟夏二十八日，三兒嘉經歸葬東淘〉有云：

今年兒齒壯，摧殘膂疢疾；媒妁不議婚，徭役長被責。（註四六）

所謂「徭役長被責」，嘉紀未明言是何種情況，但可知當時的徭役，有如天羅地網，不論老耄或青壯，都身陷其中。

水患過後，海堤崩潰，官府就派人四處徵調丁夫去築堤。〈堤決詩〉之二云：

今日隨人去築堤，明日隨人去守堤；颶風霪霖無休息，土溼泥流積不得。（註四七）

汪懋麟《百尺梧桐閣集》有詩〈河水決〉，敘述水災過後，官府急索丁夫的情景，可資佐證：

黃河衝決淮河溢，白馬湖中千尺浪。淮揚城郭雲氣中，遠近田廬水光上。人行九陌皆流水，嬴蚌紛紛滿城市，築岸防隄急索夫，里中徭役齊追呼。……（註四八）

在各項徭役之外，江南人民還須進貢揚子江中特產的鰣魚，以滿足帝王個人的口腹之慾。嘉紀有

〈打鰣魚〉詩二首：

打鰣魚，供上用。船頭密網猶未下，官長已鞴驛馬送。櫻桃入市筍味好，今歲鰣魚偏不早。觀者倏忽顏色歡，玉鱗躍出江中瀾。天邊舉匕久相違，冰鎮箬護付飛騎。君不見金台鐵甕路三千，卻恨時辰二十二。

打鰣魚，暮不休。前魚已去後魚稀，搔白官人舊黑頭。販夫何曾得偷買，胥徒兩岸爭相待。人馬銷殘日無算，百計但求鮮味在。民力誰知日益窮，驛亭燈火接重重。山頭食藿杖藜叟，愁看燕吳一燭龍。（註四九）

鰣魚爲長江水鮮，在明代已有進鮮之例。康熙年間，由鎮江到北京，每三十里設一驛站，以快馬在二十二個時辰內，鮮活地送到帝王府。

吳嘉紀這兩首詩，描繪漁民在江中打魚、官員辛苦護魚的情景。金台指黃金台，在北京；鐵甕，指鎮江，城甃以甓。爲了日夜兼程趕路，驛亭夜晚也不得歇息，張結燈火隨時待命。烹葵煮藿的百姓，想到皇室的窮奢極慾，再看看那條從燕地到吳地燈火組成的長龍，眞是悲從中來！

康熙《揚州府志》載余孔瑞〈代請停供鰣魚疏〉：

康熙二十二年三月初二日，接奉部文，安設塘撥，飛遞鰣鮮，恭進上御。值臣代攝驛篆，敢不殫心料理。隨于初四日，星馳蒙陰、沂水等處挑選健馬，準備飛遞。……竊計鰣產于江南之揚子江，達于京師，二千五百餘里，進貢之員，每三十里立一塘，豎立旗杆，日則懸燈，通計備馬三千餘匹，夫數千人。東省山路崎嶇，臣見州縣各官，督率人夫，運木治橋，劖石治路，晝夜奔忙，惟恐一時馬蹶，致干重譴。（註五〇）

余疏可與吳嘉紀的鰣魚詩相互印證。

第三節　吳詩中的水旱天災

清初頻年旱澇，百姓苦不堪言。見諸吳嘉紀《陋軒詩集》者，有以下數篇：

〈淒風行〉

淒風細雨何連綿？晝暗如夜飛濕煙。幾千萬家東海邊，六七十日無青天。生計斷絕，老人幸先就下泉。孩提無襦，長隨母眠；阿母眠醒，腹餒不得眠。壯者起望西鄰，乞食塵市，不復來還。迴望東鄰，八口閉柴扉，扉外青草春芊芊。水響濺濺，鬼泣漣漣。長官愁然，分俸糴穀，更日夕勞苦，勸富户各出糴穀金錢。富户踟躕聚議，此户彼户，一斛兩斛商量捐。（註五一）

順治十六年春，霪雨不止，民田盡沒。〈淒風行〉詩題下自注：「傷饑灶也。」，六七十日雨勢不歇，灶戶遭到雨澇，無法煎鹽。鍋灶長期閑置，灶口、門口都長出茂密的青草。生計斷絕後，體衰的老人先撒手西歸了，這還算幸運的。繼續受煎熬的，是挨餓受凍的婦孺。地方長官出面勸富戶出錢糴穀，而富戶卻吝於捐輸，踟躕再三。

〈風潮行〉

辛丑七月十六夜，夜半颶風聲怒號，天地震動萬物亂，大海吹起三丈潮。茆屋飛翻風捲去，男婦哭泣無棲處，潮頭驟到似山摧，牽兒負女驚尋路。四野沸騰那有路，雨灑月黑蛟龍怒；避潮墩作波底泥，范公堤上遊魚度。悲哉東海煮鹽人，爾輩家家足苦辛。頻年多雨鹽難煮，寒宿草中餓食土；壯者流離棄故鄉，灰場蒿滿池無鹵。招徠初蒙官長恩，稍有遺民歸舊樊。海波忽促餘生去，幾千萬人歸九原。極目黯然煙火絕，啾啾妖鳥叫黃昏。（註五二）

辛丑，爲順治十八年。七月十六日夜，颶風怒號，海上掀起三丈高的浪頭，沿海居民茅屋翻頂，驚猝兒女四處奔竄。頻年霪雨浸灌，釜不登鹽，再加河漲淮決，湮沒廬舍，吞噬生命，極目望去，黯然死寂，不見一縷煙火。

〈海潮嘆〉

颶風激潮潮怒來，高如雲山聲似雷。沿海人家數千里，雞犬草木同時死。南場屍漂北場路，一半先隨落潮去。產業蕩盡水煙深，陰雨颯颯鬼號呼。堤邊幾人魂乍醒，只愁征課促殘生。斂錢墮淚送總催，代往運司陳此情……（註五三）

泰州人沈眳開〈海潮行〉詩云：

乙巳之秋秋七月，三日食時颶風發。須臾天色昏如夜，雨縱風威行殺伐。初猶拔木摧民盧，繼則崩山震太虛。十家九家牆盡倒，十里九里炊煙少，屋瓦蝶散聲琅琅，屋宇席捲餘空梁……（

註五四）

康熙四年七月三日，颶風大作，巨樹連根拔起；海潮湧起數丈，漂沒亭場屋舍，溺斃灶丁男女教萬，嘉紀〈海潮嘆〉或亦記其事。

〈流民船〉之一

泗水漲入淮，千里波滔天。極目何所見？但有流民船。橫流相盪激，篙短不得前。家人滿船中，肢骨撐朽舷。人生非木石，飲食胡能捐？嗚呼水中央，日瞑風颯然！（註五五）

孫枝蔚《溉堂續集》有〈流民船和吳賓賢〉，其一云：

生長水邊村，將謂水邊老。門前繫一船，取魚媚翁媼。為農盡地利，福善倚天道；天道不可知，地利棄如掃。蛟龍奪人宅，汝罪誰能討？舟小賴相活，焉論濕與燥。飄零不自惜，墳墓頗浩浩。（註五六）

孫詩編入卷三庚戌（康熙九年）詩作，嘉紀〈流民船〉當亦作於是年。康熙十年二十四日，李宗孔上〈請撥鹽課賑濟淮揚疏〉：

去歲淮、揚兩府水災，滔天漫地，如高、寶、興、鹽、江、安、山、桃等處十一州縣之民，田地陸沉，房屋倒塌；牛畜種糧漂浮，父子兄弟夫妻兒女死於洪波巨浪者，不幾千百人，而無依無食，露處江干，號泣之聲，震動天地。（註五七）

由上可知，康熙九年淮揚一帶，水患肆虐，《東台縣志》，僅輕描淡寫：「五月大水」，實失之粗略。

〈堤決詩〉之一

田桑溪柳棲野雞，洪水西來崩我隄。村村滔苗今安在？川飛湖倒接大海。盡說小船直萬錢，誰知檝短不能前，一浪打入水半船。（註五八）

〈堤決詩〉共計十首，詩前嘉紀有序云：「庚申七月十四日，淘之西隄決，俄頃，門巷水深三尺，欲渡無船，欲徙室無居，家人二十三口，坐立波濤中五日夜，抱孫之暇，作隄決詩十首。」

庚申爲康熙十九年，是年隄決，安豐又遭水災。孫枝蔚《漑堂後集》有〈行路難〉詩，爲追和〈堤決詩〉之作。孫氏自序云：「庚申秋，安豐堤決，平地水忽數尺。老友賓賢以赤貧，無力致舟楫，復無可徙之屋，受患獨甚，惟賦詩自悲歌於水中而已。水退後，曾以見示，予行路之暇，每展翫此詩，未嘗不自幸生平憂患事，尙不賓賢若也。」（註五九）

除以上數首，卷七〈六月十一日水中作〉云：「驟雨催堤決，奔雷向海驅。虛空浮屋宇，里巷入江湖」（註六〇），卷三〈與汪伯光二首〉之二：「昨夜河漲太無賴，狂瀾竟從衡門入」（註六一），因無相關寫作背景，無法推知寫作年代。總之，後人從吳嘉紀所描繪的水患慘況，可以了解沿海居民與惡浪狂濤搏鬥，生命、產業朝不保夕的窘狀。

賴古堂本《陋軒詩集》收錄一首〈疾風〉詩，將其時百姓飽受水旱、蝗災、兵馬之禍的慘痛，都一一點到了：

黯黯滿天雲，疾風來吹散。隴上荷鋤農，仰首言且嘆；去年此時雨，一夜三尺半；禾稼盡沉沒，舟樴直上岸。力耕方苦潦，轉盼忽憂旱。烈日六十日，是處泉源斷。里巷爭泥漿，甕盎聚昏旦。側聞山東蝗，千里遍羽翰；指日到江南，雙眼那忍看！況復徵兵馬，擾擾正防亂。（註六二）

康熙十年，春潦，六、七月又大旱，瘟疫流行，人畜多死，歲歉，米價騰貴。〈歸里與胡右明二首〉云：

潦後復大旱，穀價貴荊吳。疫癘纏饑民，喪亡滿道逢。故里災尤甚，中宵憶吾廬……。

……水涸原野高，衰草蕭蕭白。天心凶歲忍，我室多艱阨。養生急饔餐，救死缺藥石。淚迸老妻啼，病勢嬌兒劇……（註六三）

嘉紀另有〈風呼號行〉，未註明年代。寫乾旱無雨，遍地風沙，「一升粟換一斗水」的悲慘情形：

風號呼，吹黃沙，吹滿東家又西家。西家三四小兒女，日暮廚頭煙未起，直待老翁糴粟歸，一升粟換一斗水。連年雨多五穀絕，清泉甕底何曾缺？今日腸饑口復枯，縱能耐饑難耐渴。忽聞村北掘得泉，泥沙混混味如鹽。月落河干曙星綠，男婦爭汲影簇簇。我家稚子力弱身短不能前，空擔歸來掩面向牆哭！（註六四）

水旱之外，尚有蝗害。康熙十一年六月，飛蝗蔽空。泰州分司汪兆璋「出粟購捕蝗，滿石給斗粟，數日，蝗抱草死」（註六五）。除以人力捕蝗，田夫還求助於青鶴驅蝗。嘉紀有〈鶖來詞〉記其事：

六月蝗爲災，有鶖自東來，來立田中如老翁，禿頂長頸驅蝗虫。群蠢赴海齊趯趯，飛走不疾鶖啄食。食既飽，起高飛，人來爭穫救公饑（稻名）。田公田姥呼鶖拜，恩德爾比鳳凰大。……

爾驁老壽多子孫，孫翱翔遍天下，年年護我農夫稼！（註六六）

第四節　吳詩中的饑饉凶荒

明亡後，吳嘉紀即陷於饔餐不繼的困境，一則因災荒頻仍，再則因貧吏剝削，三則因不善營生。《陋軒詩集》中，描繪凶年、饑饉的作品，或寫自身的窮餓，或寫飢民載道的情景。

〈歸里與胡右明二首〉：

潦後復大旱，穀價貴荊吳。疫癘纏饑民，喪亡滿道途。故里災尤甚，中宵憶吾廬；歸舟不待曉，取道綠楊湖。水淺茭草長，翳翳蔽游魚。煙火何處乞？秋陽淨平蕪。鷹鸇遙睨雀，盜賊僞爲漁。

人險物情異，行止多踟躕。

行路不知疲，近鄉翻蹙額。水涸原野高，衰草蕭蕭白。天心凶歲忍，我室多艱阨。養生急饔餐，救死缺藥石。淚迸老妻啼，病勢嬌兒劇。出門自悵悵，入門仍脈脈。雨歇秋氣佳，黃花發擔隙。何以遣予愁？籬外來嘉客。（註六七）

康熙十年，潦旱相繼，疫癘流行。安豐被災尤烈，嘉紀取道綠楊湖返鄉。一路上不見煙火，盜賊僞裝成漁人打劫。返家後，坐困愁城，沒有饔餐養生，沒有藥石救死，只有陪著妻子掉淚，眼睜睜的看著兒子病情加劇。水、旱、瘟疫接踵而至，這是最慘烈的凶年。

〈鳳凰台訪錢湘靈贈詩二首〉之二：

隴畝在南村，歲凶不得食。吏胥徵稅苛，親戚共亡匿。平生工詞賦，出門路人識。文采成饑寒，盛名有何益？……（註六八）

年歲饑荒，有田無穫，不得飽餐。再加吏胥嚴苛的徵稅，親族紛紛相率逃亡。工於詞賦的文人，縱然文采斐然，也不得果腹，享有盛名又何益？

〈流民船〉之三：

鹽城有三人，云是親父子。洪濤沒其盧，適遠求居止。饑寒世俗欺，同伴氣都靡。三人萬人中，屹如山島峙。長歎呼彼蒼，攜手蹈海水。志士逢溝壑，將身會一死。釜中生游魚，井上有敗李。我餓難出門，聞之慨然起。（註六九）

康熙九年，淮、揚大水，高、寶、興、鹽等處，田地陸沉，房屋倒塌。饑民攜兒挈女，行乞城野。鹽城有父子三人，慨嘆饑寒爲世俗所欺，故鄉不可歸，他鄉復難處，相率蹈海而死，嘉紀有感而發：「志士逢溝壑，將身會一死」。

〈秋日懷孫八豹人六首〉之五：

潛江卑下地，年歲幾時豐？舟檝城池內，鴐鵞里巷中。縣官眞范冉，過客是梁鴻。杵臼家家絕，何繇慰轉蓬？（註七〇）

康熙戊甲（七年）、己酉（八年）年間，漢水屢決，城郭田廬，悉委巨浸。潛江歲荒，「杵臼家家絕」。

〈德政詩五首，爲泰州分司汪公賦〉之五：

頻年禾不登，流離滿海邊；困餓傍萑葦，容易把戈鋋。使君騎馬來，淚迸流民船。賑饑日行野，糶米時借錢……（註七一）

此詩作於康熙十一年，由上引知「頻年禾不登」之所指。

〈水退後，同戴岳子晚步，因過季園，時序秋九日〉之一：

細草垂桑柘，紛紛如薜蘿。村莊寒水出，樵牧夕陽多。澤國年頻饉，殘秋氣轉和。廢園蕪莽莽，尋路與君國。（註七二）

此詩作於庚申（康熙十九年）七月十四日堤決之後，據《東台縣志》所載，康熙十二年、十四年、十五年、十六年均曾發生大水，十八年發生蝗旱，故詩中云「澤國年頻饉」。另有一首〈翁履冰行〉，不能確知寫作年代，但也讀之令人酸楚：

老翁履冰，手挈稚孫。釜甑塵積，貸粟前村。村農穀富，莫肯念故；翁別倉庚，踽踽歸路，富人如虎，顏色難干。風壓河心，骨重心酸。翁泣語孫，生無一可！何伯應聲，冰開人墮。其子望見，急遽來援，欲引轉仆，骨肉纏綿。一門三世，齊陷波裡。飛鴈哀號，無手救爾。（註七三）

老翁爲饑窘所迫，攜孫至前村，向富農借粟。結果空手而歸，走至河心，冰裂墮水，兒子趕來相救，三人齊陷波底。

嘉紀不善治生，窮餓自甘。友人孫枝蔚曾勸其多留意營生，以謀衣食。〈寄吳賓賢〉云：「勸君當治生，復恐輕啓齒。在陳有絃歌，先師曾不死，雖飢幸免寒，日暖陋軒裡。」（註七四）而孫枝蔚本人，原先亦饒富資財，其後千金散盡，遂賣其園居，僦屋於董相祠旁，嘉紀〈贈孫八豹人〉詩，有云「蕭統樓頭鳴鼓鼙，董相祠前長荊棘。鄙人曳杖叩蓬門，香醪斟酌蕉陰碧；微醉顏熱忽不懌，呼余與語淚沾臆。從遊赤松是幾時？我輩衰頹眞可惜！」（註七五），末句對彼此的疎散衰頹，深致憾意！

其他述及凶歲、饑饉的詩篇如：〈宿三江口〉「飢饉多爲盜，隄防正用兵」（註七六），〈秦潼〉「浦多村少心腸亂，網得大魚無米換」（註七七），〈催麥村〉「朝饑暮饑時有數，柳陰茅屋家人聚」（註七八），〈送喬孚五北上〉「水上饑寒銷赤子，淮南井邑貯黃河」「年凶乞米關河遠，身老辭家歲月深」（註七九），〈泊船觀音門十首〉之八「饑民春滿路，米店晝關門」（註八〇），〈秋懷〉「凶年雜寒至，殘秋貧愈悽」（註八一）。

海濱之人，生活不易，如遇水旱災荒，日子愈不可過。

第五節　吳詩中的鹽民生活

吳嘉紀家居泰州之安豐（即東淘），其地位在淮河、揚子江之間，爲淮南重要鹽場。淮河南岸，蘆草叢生，鹽澤甚夥，居民以草煎滷爲鹽。煎滷之前，須引潮、淋土、築墩、蓄池。煎鹽時，引鹵池之水至鍋中蒸煮，食鹽緩緩自鹽滷沉析而出，復以鹽耙從鍋中將鹽取出，掠乾後，儲存鹽棧中，以待場商收鹽。

東海飽含滷汁，居民平日曝曬於鹹風烈日下，無不面現赤赭。煮鹽時，灶房中烈火熏炙，更使面色黧黑，形如鬼魅。〈贈張蔚生先生〉之三：

早夜煎鹽鹵井中，形容黧黑髮鬖鬖。百年絕少生人樂，萬族無如灶户窮。（註八二）

〈望君來〉之二

望君來，愚灶户，日蒸野草氣方暑。小舍煎鹽火燄舉，鹵水沸騰煙莽莽。斯人身體亦猶人，何異雞鶩鬻中煮。（註八三）

灶房外暑氣方熾，灶房內鹵水沸騰、煙霧竄升，鹽丁擠在狹窄的工作空間，內外灼烤，何異鍋中的雞鶩？

嘉紀另有一首傳誦人口的〈絕句〉，以反襯手法，鮮明的刻劃鹽民的辛苦：

白頭灶户低草房，六月煎鹽烈火旁。走出門前炎日裡，偷閒一刻是乘涼。（註八四）

頭髮花白的灶丁，在低矮的草房中，佝僂著背煎鹽。六月暑天，驕陽高照，但比起鹵灶熊熊的烈火，能走到門外片刻，也算是偷閒乘涼了。

如遇霪雨不止，或海潮汎期，鹽澤滷汁被水沖淡，就無法煮鹽。〈望君來〉之二又云：

今年春夏雨弗息，沙柔泥淡絕鹵汁；坐思烈火與烈日，求受此苦不可得！（註八五）

無法煮鹽，束手坐困，生計也就斷絕。想起平日深惡痛絕的烈火與烈日，現在是「求受此苦不可得」。

順治十六年（一六五九），霪雨爲災，鹽場被毀。〈淒風行〉云「六七十日無青天，生計斷絕……」，順治十八年（一六六一）七月十六夜，颶風大作，潮高三丈。〈風潮行〉云「避潮墩作波底泥，范公堤上遊魚度」，又云：

悲哉東海煮鹽人，爾輩家家足苦辛。頻年多雨鹽難煮，寒宿草中餓食土，壯者流離棄故鄉，灰場蒿滿池無鹵。（註八六）

范公堤年久失修，海水時常倒灌。小潮時尚可逃到避潮墩，大潮汛來時則吞噬生命財產。潮信每日漲落，各有定時，大抵月之十三爲起汛期，日壯一日，十六、七日愈壯。霪雨、颶風、海潮，同時並至，漂沒亭場，摧毀鹽池，濱海之民，無以自存。

暴潮侵襲後，鹵地漫溢，鹽包盡被潮浸。鹽官前來勘災，並不加以憐恤賑濟，依然催科徵課。產業蕩盡之餘，鹽民含著淚，勉強湊些錢送給總催，希望他代向鹽運使求情。〈海潮嘆〉云「斂錢墮淚送總催，代往運司陳此情」，總催吃得酒醉飯飽後，才裝作難民去陳情，結果遭到一頓斥罵，鹽民的期望也落空了。同詩又云「總催醉飽入官舍，身作難民泣階下。述異告災誰見憐？體肥反遭官長罵！」（註八七）

鹽商操縱著鹽價的貴賤，放高利貸的票商，也吸吮著鹽民的脂血。有時鹽商又兼票商，他們平日抑低鹽價，收購鹽民生產的鹽，等鹽民繳不出鹽課時，又放高利貸敲剝他們的膏髓。鹽價低賤時，市面呈半休眠狀態。〈送汪左嚴之虎墩〉云：

澤滿哀鴻集，墩留猛虎蹤。布帆君獨往，海岸正窮冬。鹽賤人休市，年荒里罷春。吾廬在直北，試望數株松。（註八八）

鹽價低，市面蕭條，灶戶仍應按規定繳稅。〈臨場歌〉序云：

雖曰窮灶戶，往歲折價，何曾少逋！胥役謂其逋也，趣官長沿場徵比，春秋兩巡，遍來竟成額例。兵荒之餘，嗚呼！誰憐比窮灶戶。（註八九）

官府徵收的稅負越來越沈重，尤其在兵荒馬亂之後，鹽民越來越負擔不起。吏役在春秋兩季，到鹽場催征欠稅，並借機勒索，如豺狼一般。

在胥吏窮凶惡極的催討下，鹽民只好向鹽商告貸，「稱貸鹽賈錢，三月五倍利。傷此饑饉年，追呼雜胥吏。其奴喫灶戶，牙爪虎不異」（註九〇）他們吃定了鹽民，連那些爪牙也銳利如虎。而當鹽價高漲時，他們又索鹽不索錢，並強行用船將即將成鹽的鹵汁搶走。〈逋鹽錢逃至六灶河作〉之四：

鹽貴賈驩甚，索鹽不索錢。黽勉更東去，牽船買鹵還。中夜起披衣，牢盆任人煎。蟋蟀無宇託，愁音遍野田。北斗低照地，我在霜露間。賈子爾何人？使我夜不眠！（註九一）

嘉紀雖不是煎丁，但須用價買辦鹽課。因一時繳不出稅課，就向鹽商稱貸。稱貸的錢限期還不出來，凶惡的債主臨門時，只好叫兒子躲在草蕩中，同詩之三有云「呼兒匿草中，叱咤債主來」（註九二）。債主追索日亟，只得離開故里，逃到六灶河。暴身霜露，中夜不眠，想起吸吮人血的鹽商，他不禁要咬牙切齒的問一句：「賈子爾何人？」

〈逋鹽錢〉詩之十一，將剝削鹽民的鹽商比之爲鼈蝨，極盡諷刺：

> 氣臭行若飛，俗呼曰鼈蝨，匾身藏木榻，穢種散書帙。齧人膏血飽，伺夜昏黑出。拙哉一愁人，於此來抱膝。唫囈羨僮僕，爬搔增老疾。何能久食渠？海岸望朝日。（註九三）

末二句「食」字下，自注：「音嗣」，意謂：何能長久以膏血餵飼這些臭虫？期望漫漫長夜後，能見到曙光從海岸升起。

鹽商與鹽官勾結，胥吏又操縱其間。平時需索陋規與豪強大戶聲氣相通，而懦弱窮乏的鹽丁則任由宰割，以致富者益富，貧者益貧。揚州鹽商豐衣足食，肥家潤室，過著豪華奢侈的生活。〈贈程飛濤〉云：

> 廣陵侈尤甚，巨户如王公；食肉被紈素，極意媚微躬。歡樂成惛愚，不幸財貨豐。（註九四）

河下地區，聚集了許多擁巨資的鹺客，商賈富戶比鄰而居，過著晨昏顛倒、飲食燕樂的日子，完全無視於城外無衣無食的窮民。〈河下〉詩云：

> 冷鴉不到處，河下多居人。鬱鬱幾千户，不許貧士鄰。寒城天欲暮，方是主翁晨。主翁酒醒起，衆好隨一身。巷西車馬來，杯盤旋爲陳。豈能即遍及，只嫌味不珍。誰知里閭外，積雪連城闉？

窮檐有明月，冷照無衣民。安得如爾輩，金錢買陽春？（註九五）

鹽商子弟，有祖上的庇蔭，紙醉金迷，以侈驕人。〈看雪行，贈揚州少年〉，寫大雪後，鹽商子弟披銀鼠襖、騎駿馬，飛奔至平山頂賞雪的狂態。詩云：

雪高一尺雪猶落，東家西家會少年。追歡不顧野無路，浪用只憑人數錢。一時齊披銀鼠襖，有客獨著猩猩氈。孤舟泛出揚州郭，眾馬飛上平山顛。老鷹僵死柳樹折，茆屋壓斜藤蔓纏。隔江看山坐僧榻，臨水憶鱖呼釣船。大甕沽來浮蟻綠，行廚炙熟蟑螂鮮。何須訪訊戴安道，卻笑寒酸孟浩然。俗人遊熱爾遊冷，如此繁華劇可憐！（註九六）

鹽商是如此的窮奢極欲，鹽民卻過著「人若鬼魅、衣食不充」（註九七）的日子，就像〈德政詩五首〉之一所描述的「荒荒瀕海岸，役役煎鹽氓；終歲供國稅，鹵鄉變人形。饑兒草中臥，蟋蟀共悲鳴。」（註九八）南通張季直主持江南鹽務時，曾深致慨嘆的說鹽民是「海濱斥滷不生物之區，小民之最無生計者」（註九九），這也就是爲什麼吳嘉紀要基於義憤，爲這些鹽民吶喊、抱不平的原因！

第六節　吳詩中的婦女群象

吳嘉紀的詩歌中，有許多以婦女爲題材的作品，這在其他詩人的創作中，是較少見的。這些作品，或寫戰火蹂躪下婦女不幸的遭遇；或寫貧困婦女的悲苦生活；或寫節婦、孝女、義妻的堅貞；或寫舊禮教牢籠下一些婦女迂執無稽的作爲。透過吳嘉紀具體眞切的描繪，讓我們看到了當時婦女們的悲慘境遇。

〈李家孃〉寫揚州城破之際，李氏婦不甘受辱而遭裂尸的慘劇。詩前有序云：

乙酉（順治二年，一六四五年）夏，兵陷郡城，李氏婦被掠，掠者爲求計近，不屈。越七日，夜聞其夫歿，婦哀號撞壁，顱碎腦出而死。時掠者他出，歸乃怒裂婦尸，剖腹取心肺示人，見者莫不驚悼，咸稱李家娘云。（註一〇〇）

詩一開頭談到清軍殺人如麻的情形說：「城中山白死人骨，城外水赤死人血。殺人一百四十萬，新城舊城內有幾人活？」清軍殺進城後，即強行擄掠婦女，詩云：「腥刀入鞘，紅顏隨走，西家女，東家婦，如花李家孃，亦落強梁手」，李家孃容貌秀麗，掠者百般求近不得。李婦後聞其夫身沒亂刀，不忍獨活，乃撞壁而死。詩中以李婦自述口吻，表明一心求死的態度，讀之令人鼻酸：

夫既歿，妻復何求？腦隨與壁，心肺與讎。不嫌剖腹截頭，俾觀者觳觫若牛羊。（註一〇一）

〈董媼〉一詩，敘戰亂時，婦人隨夫死義，託孤家媼的故事。故事由老媼口中娓娓道出：

主人韓秀人諱默，家住蕪城裡。城破兵屠戮，夫妻先自死。妻蕭氏縊死梁上，夫溺死井底。所生兩男兒，一死從嚴親，幼者在母懷，孳舉託老身。……

詩中又云：

憶母將縊死，復抱幼兒乳。乳兒幾曾飽？蒼惶分散去。（註一〇二）

婦人在自縊前，猶戀戀不捨抱兒哺乳，其內心之悲愴傷痛，可以想見！該名孤兒名韓魏，其父韓默，曾受知於史可法。揚州城破時，易巾服投井死。從〈董嫗〉一詩中，我們看到一個母親死前內心痛苦的掙扎，也看到一個家僕忠於主人，善存骨肉的義行。

南明覆滅後，江南抗清活動仍持續不止，爲鎮壓江南人民，清軍屢次調動兵馬南下。揚州屠城後十年（一六五五年），過境清兵再次殘忍地燒殺擄掠。〈過兵行〉云：

大兵忽說征南去，萬馬馳來如疾雨；東鄰踏死可憐兒，西鄰擄去如花女。女泣母泣難相親，城里城外皆飛塵；鼓角聲聞魂欲死，阿誰爲訴管兵人？（註一〇三）

在兵馬奔騰中，貌美如花的女兒被擄走了，作女兒的哀泣，作母親的也悲涕，從此她們再也難相聚了。

壬寅（康熙元年，一六六二年）六月，長江外的沙磧——瓜州，發生了一樁婦女爲躲避兵禍而悶死船艙的慘事。〈難婦行〉詩云：

江頭六月舉烽燧，東南風吹戰艘至。官長首嚴出城禁，嬌娃艷婦縮無地。愚者爭向船艙匿，覆木覆石水關出。木下石下塡人膚，日蒸氣塞人叫呼。舟子耳聞眼不顧，往來邏卒逢無數。短篙刺刺漸離城，岸上骨肉喜且驚。夫來挈妻父挈女，開艙十人九人死。吁嗟乎！城外天地寬如此，此身得到已爲鬼。家人畏罪不敢啼，紅顏亂葬青蒿裡。（註一〇四）

幾經戰亂，百姓有如驚弓之鳥，一聽說有戰事，就替家裡的女眷擔心。城中戒嚴，城外的親人買通載運木石的船，將他們的妻女偷偷帶出城。但是日蒸氣塞，又覆木覆石的，等船靠了岸，開艙一看，十人有九人已被活活悶死！想想那一剎那，親人由期待、欣喜，頓時轉爲撕裂心肺的悲慟，眞是情何以堪！生于亂世，婦女命如游塵。詩一開頭，就慨嘆的說：「寧爲野田莠，不爲城中婦；莠生雨露培，婦死如塵埃」，如此強烈的對比，讓人感慨人命反不如草芥！

吳嘉紀另有一些詩篇描繪貧困婦女靠勞力維生的苦況，或在天災戰禍之後淪爲乞婦的窘境。

〈糧船婦〉記述一對貧賤夫妻至糧船上工作，而船主見色起心，迫使貧婦投江自盡。詩一起筆，描述「秋風河上來，吹我饑饉夫。雖有如花婦，不及盤內餔」，而後「船公坐上頭，盼睞見紅顏。遣人通殷勤：吾家衣食足，若輩愁餓死，試來同力作。」船主誘使窮夫婦上船工作，原是另有用心：

> 船公中心喜，舉手數斟酌；自謂佳麗質，已是虞羅雀。羅雀則有雄，匹婦則有夫；誰知匹婦志，千折不可移！……阿婦默無聲，人眠窗落月，急遽離船公，慷慨尋鬼伯。（註一〇五）

這首詩反映了在惡勢力陰影下，婦女無法擺脫的悲慘命運。

〈挽船行〉，寫一對婆媳縴繩把舵的淒苦生活。詩云：

> 疫困駕船人，人船雙趦趄。老姑起把舵，新婦爲縴夫。尚存異鄉息，自憎薄命軀。夏日懸中天，灼死岸傍樹。纏頭苦無巾，裹足猶有布。數罷商人錢，拭淚盼官路，路長縴繩短，挽船不敢緩。（註一〇六）

船夫染疫不能駕船，年老的母親把舵當船工，新媳婦冒暑當縴夫。酷熱的驕陽，幾乎將岸邊的樹木灼焦，婆媳二人連纏頭遮陽的布巾都沒有。點算完商人給的少許工錢，想到爲官家挽船的路還那麼長遠，一點都不敢怠慢，拭乾眼淚後，只好趕快上路。

〈流民船〉之二，寫水患過後，災民四出謀食，而婦人被迫行乞的苦況。詩云：

> 撥棹欲何之？遠投煙火處。歲儉竊盜多，村村見船怒。男人坐守船，呼婦行乞去。蔽體無完裙，蔽身無敗絮。嬌兒寘夫膝，臨行復就乳。生長田舍中，那解逢人訴。一米一低眉，淚溼東西路。

（註一〇七）

年歲饑荒，盜賊四起。各處村落一見流民船靠近，就預作戒備，所以只好男人守在船上，遣婦人去行乞。婦人衣衫襤褸，幾不蔽體。臨行前，還不忘抱兒哺乳。婦人自幼生長田間，不慣向人哭訴。每次行乞，皆俯首低眉，羞愧難當。一路前去乞討，滿腹淚水中飽含著辛酸與無奈。

〈堤上行〉之三，寫婦人難忍腹中飢餓，欲向達官大賈乞食，但又有所顧忌的矛盾與掙扎。詩云：

> 岸傍婦，如花枝。不妝首飾髻低垂，達官大賈畫船近。長跪欲告腹中飢，舉頭不覺雙淚墮，隔岸望見露筋祠。（註一〇八）

嘉紀在詩末自注：「露筋，烈女也」。露筋祠，位在大運河旁，爲祭祀烈女蕭蕭而建。蕭蕭與嫂夜行，嫂欲至附近人家借宿，蕭蕭爲避嫌，保持貞節之名，執意露宿，遭蚊虫叮咬露筋而死，遂被尊爲烈女。此事固屬迂拘荒唐，然詩末特意點明露筋祠，卻有深意存焉。詩中婦人欲向高官富賈求助，又恐對方不肯平白施捨，舉頭望見露筋祠時，不覺雙淚滾落，不知該忍飢？或是失節？

吳嘉紀的婦女詩歌中，還有一些表彰節婦、烈女、孝女、義妻的作品。

〈汪節婦詩〉記汪楫嗣母之貞潔，詩前有序云：

> 節婦姓張名啓，汪汝萃妾，萃死無子，兄汝蕃以子楫嗣之。婦與嫡王氏素不相能，母家孀姥以張少年，勸之嫁，且曰：主翁立後，異日縱昌大，於汝無與也。不應，其母將強之，婦大慟，欲自殺，母自是不復言。年四十，楫爲諸生，有聲稱觴，盡一時名士。

詩中有云：

> 庶母無兒女，自誓爲寡婦。年齒今四十，寡時年十九。嫡既不相好，親戚又相非。內外苦逼迫，嘔血摧肝脾。不謂至今日，磨滅未成灰。（註一〇九）

汪楫爲當時名士，又爲嘉紀好友，熟悉其家世，因賦其嗣母大節，以傳後世。

另如〈程節婦〉表揚好友程岫之母事姑舅、撫三幼子的孝行義方，岫父懋衡於甲申之變時，不食而死，爲鄉里推重。〈撫遺腹孤子行三首，贈夏節婦〉，寫夏世長之母沈氏撫養遺腹子的劬勞。〈贈鮑節婦〉，爲詩友鮑耀祖之母而作，鮑父死揚州兵亂，鮑母奉姑教子，爲鄰里所稱。〈程寡婦歌〉，記友人程湄之妻獨力撫孤，提攜黃口兒女的辛苦，程妻爲汪楫妹。

〈江都池烈女〉，頌悼不肯改嫁，自縊而死的烈女。詩前有序：

> 烈女姓池，吳廷望妻也。未嫁，廷望從軍南征戰死。……無賴欲以女婚次子，女之父兄憚之，屬姨母語女，且勸之嫁。女不從，自縊，繩斷者三，竟縊死。（註一一〇）

池女「朝爲未嫁女，暮稱未亡人」，因姨母勸其改嫁，詩中有句云「姨孃是尊長，出言何不莊，令人亂匹配，人生豈牛羊？」，古時女子婚嫁一切聽從長輩安排，此處所謂「令人亂匹配，人生豈牛羊？」，算是對舊式婚姻的一種抗議、吶喊！

〈祖姑詩〉，寫長年侍奉母親，因而耽誤婚姻的孝女。詩云：

……堂中紅顏女，歲歲惟孤栖。孤栖何爲爾？有母年齒衰。今年復明年，朝昏不暫違。……女身日以長，母身日以羸。桑榆戀斜景，依依能幾時？淚下未及收，里姥來門楣。東家有賢郎，相煩求蛾眉。深閨聞姥來，倉皇愁生離。懇懇託家媼，徐徐出謝之。……母年既七十，女亦三十餘……傷哉黃髮母，一夕赴泉臺。骨與肉離別，天傾地崩摧……至哀毀形骸，母女相繼逝……（註一一一）

孝女守母不嫁，屢次婉謝殷勤的媒妁。歲月荏苒，轉眼母親年老體衰，終於一夕不起，而孝女哀毀逾恆，亦相隨地下。依嘉慶《東台縣志》所載，此詩乃嘉紀詠其六世祖姑也，詩末有云「小子仰前徽，援筆傳孝女」。

吳嘉紀另有抨擊舊式禮俗的婦女詩。如〈東家行〉，寫六月酷暑娶親，新娘重重包裹，並依俗著棉襖，釀成「送嫁衣爲送死衣」的悲劇。詩云：

東家錢多高興發，娶婦無端當六月。……楚練齊紈日夜治，治成衣裳妝次第。上著六層下著四，綿綿纏纏直到老。風俗舊例重綿襖，一事違俗恐弗吉。阿母不肯纖毫少，女兒低頭泣無言。擁入繡輿簫鼓喧，眼見新人就火堀，安能忍死到夫門？夫家賓客實華屋，爐燃松焰几燒燭，到處骨肉皆鬼伯，忍將餘生相迫促，有生歡樂轉成悲。……（註一一二）

大熱天作新嫁娘，嫁衣「上著六層下著四」，只緣「一事違俗恐弗吉」，母親死守迂腐的禮俗，作女兒的一點也不敢反抗，結果活活中暑而死。

〈梅女詩〉，寫父母安排的婚姻，斷送女兒的性命。詩中記述淘上梅翁家裡的一個女孩，年過二十後，許配給一個浪蕩子作媳婦，而這位蕩子「不商不賈不疆場，飄零竟弗思鄉曲」——長年在外，無所事事。梅女二十六歲的時候，蕩子突然返回故鄉，梅翁正在高興之際，他又忽忽收拾行李走了。梅女受此刺激，「潛起自經堅閉戶」，自縊獲救後，又「暗數不食到七日」（註一一三），最後終於滿懷悲戚的離開人世。

〈王解子夫婦〉，描寫一個甘爲別人替罪充軍的義士妻子。詩前有序云：

如皋王解子，酷嗜酒，里有義士妻某氏，罪當戍，縣官差解子往送。歸，悲惋終日，爲之罷飲。其婦詢知，願以身代義士妻。送至戍所，值鄉人以食贖義士妻還，不知其爲解子婦也。（註一一四）

楊積慶《箋校》引道光十七年《如皋縣續志》云：「義士，許元博也，以金贖者冒襄也。」又引陳鼎《留溪外傳．義士傳》云：

王義士者，失其名，泰州如皋縣隸也。雖隸，能以氣節自重，任俠好義。甲申亡國後，同邑布衣許元博德溥不肯薙髮，刺臂誓死，有司以抗令棄之市。妻當徒。王適值解，高德溥之義，欲脫其妻而無德，乃終夜欷歔，不成寐。……（註一一五）

許元博的罪名，除不肯薙髮外，尚在兩臂刺上了「生爲大明人，死爲大明鬼」的字樣。王解子是個以氣節自重的人，爲許元博的死和不能爲許妻脫罪而悒悒不樂，王妻探知其心事後，慨然代許妻就遠戍。詩云：

面貌外不識，他人可代伊。何人可代伊？搔頭腦阿公，公也無庸惱，願代者是儂！（註一一六）

王氏夫婦任俠好義，由此可知。

吳嘉紀雖然也抨擊舊禮教的毒害，但他本人卻寫了許多歌頌割股療親的婦女詩，備受後人批評。〈割肉詩爲新安汪孝婦作〉，記汪嵩如妻割肉爲其翁治病的孝行。詩云：

新婦起躑躅，白日弗照夜。張燈在嚴谷，仰告頭上天。俛視臂上肉，肉隨利刀下。自糜作羹湯，忍痛釜甑際。天角東南明，上堂先進湯，上堂再進羹。羹湯甫霑唇，翁曰胸懷闊，不知病何往？（註一一七）

割肉爲尊人療病，孝心固然可嘉，然而自殘傷身，病未必癒，實不值得鼓勵。〈姪女割股詩〉，記敘仲兄嘉紳病篤，姪女刲左股肉，作成羹糜，餉親治病。其時姪女懷孕四月，俗以產婦入人家爲忌，嘉紀在詩的開頭，曾對這種陋俗大加撻伐：「產婦不入門，恨殺舊風俗。淚眼徒望望，門楣分骨肉」；對於姪女剜肉的行爲亦曾發出微詞——「婦是愚婦人」。不過，在詩序中卻對割股療親的事細加描繪，並倍予褒揚：

焚香灶神前，刲左股肉，股下寘半，枯瓠貯血，顧所握刀鈍，恐家人知，不敢礪剜。久之，肉乃離股，然不甚痛。其夕，糜以餉兄，食之病愈，女剜處亦尋愈。察瓠中血無涓滴也，人皆謂神明默佑云。（註一一八）

這一段記錄，給人迂執荒誕的感覺。但類似敘述卻屢屢出現在相關的詩篇中，如〈挽劉昇〉詩序中，談到劉昇為歙縣潘楚玉的家僕，楚玉母病，「昇割肉和藥療之」。又如〈挽程母〉，記程飛濤兩次割股肉療親，詩云：

嘗聞身上肉，可起床上親。……霍霍手握刀，昏夜告明神。一割痛入髓，再割血盈中，持肉方作糜，鬼伯不待人。（註一一九）

這種割肉療疾的事，終究是要出人命的，〈吳氏〉詩序云：

吳氏名伍，安豐場人，嫁魯高。高父病篤，聞里人有割肉療親疾者，以其事語家人，欲高效之也。時高亦病，婦乃慨然代高。引刀割左肱肉，利刀切骨，血流十二晝夜死，見者莫不悲之。（註一二〇）

吳伍忍痛代夫，從俗割肉，終致命喪黃泉。詩末還不忘稱讚她：

「孀黨競來看，香名傳里中。昔為女蘿絲，今為蘭蕙叢」。

教忠教孝固然可使民德歸厚，但迷信害人之深，亦不可等閒視之。《陋軒詩集》中，這一類詩歌被認為是舊傳統的糟粕，應加以揚棄。張謙宜《䋎齋詩談》曰：「好傳割股等事，誤以陽明門下人作大儒，此則是學問未深。」（註一二二）就不假辭色的給予嚴厲的批評！

第七節 吳詩中的故國之思

明祚迄於思宗，入清後嘉紀頗多哀時傷亂之作，以悲愴感懷的筆調，悼念故國。

〈過史公墓〉云：

纔聞戰馬渡滹沱，南北紛紛盡倒戈；諸將無心留社稷，一抔遺恨對山河。秋風暮嶺松篁暗，夕照荒城鼓角多，寂寞夜台誰弔問？蓬蒿滿地牧童歌。（註一二三）

清兵大舉南侵時，南明小朝廷正忙於爭權奪利。史可法率兵與清軍作戰，收復被清軍佔領的宿遷。但明軍守將一一降清，如徐州總兵李成棟，先是棄城而逃，後又降清為南下嚮導，戰勢逆轉，終致清兵進逼揚州而屠城。嘉紀經過揚州城外史公的衣冠塚，見墓場荒涼，蓬蒿滿地，不由得興起亡國的哀傷，痛斥無心社稷、倒戈降清的明將。嘉紀同時感嘆英雄死後的寂寞，人人做了順民，誰再來墳前作弔客呢？

〈拜曾襄愍公墓〉云：

吁嗟吾群曾先生，先朝曾帥塞垣兵。嬉戲之際皆神算，嘗令沙漠人夜驚。會見風塵清萬里，廟堂從此妒疑起。熱血無由結主知，先生抱恨刀前死。一櫬迢遙萬里歸，當年國事已全非。壯心

無限復何用？城裡子孫今亦稀。悲哉白骨委荒陸，行人一拜誰能哭？日墓蕭蕭寒菜青，胡馬亂來墳上牧。（註一二三）

曾銑，嘉靖進士，歷總督陝西三邊軍務，長於用兵。立志復河套，條上方略十八事，爲嚴嵩誣，冤死。隆慶初，追諡襄愍。墓在揚州城西金匱山。詩中「國事已全非」、「白骨委荒陸」，深寓惓懷故國、英雄悽涼的慨嘆；而「胡馬亂來墳上牧」一句，「胡」字暗指滿清，已不言可喻。

〈謁岳武穆祠〉云：

祠宇巍然俯一城，背人瞻拜淚縱橫。草荒石徑牛羊亂，風急山門鼓角聲。河北當年輕與敵，中原今日復誰爭？檐前歷歷江南岫，悵望徒傷野老情！（註一二四）

詩題下，嘉紀自注：「在海陵泰山頂」。詩中借宋喻明，「河北當年輕與敵」，斥責守關的吳三桂，輕易的開關延敵；「中原今日復誰爭？」，徒然感嘆復國已無望。嘉紀以一介野老，瞻拜前代英雄的祠堂，背地裡老淚縱橫，內心的沉痛、悲苦可想而知。

嘉紀常藉著登臨名勝古蹟，以寄寓憑弔故國的心情。

〈玉鉤斜〉云：

莫嘆他鄉死，君王也不歸。年年野棠樹，花在路旁飛。（註一二五）

玉鉤斜在揚州，爲當年隋煬帝葬宮人處。「君王也不歸」，借弔古以傷南明福王政朝之滅亡。

〈文選樓〉云：

太子風流甚，登樓只讀書。江山頻換主，樓在更誰居？（註一二六）

文選樓在今揚州旌忠寺，爲昭明太子蕭統讀書處。「江山頻換主」，借梁爲陳取代，喻明爲清所代替。大明江山於甲申年換主，嘉紀身歷家國之變，不免有滄桑之感。

〈登清涼台〉云：

此地舊京華，登臨落照斜。雄關空踞虎，廢殿只啼鴉。山脊明寒燒，江心長白沙。來游吾獨晚，搔首聽悲笳。（註一二七）

清涼台在南京，「舊京華」，指南明福王曾建都於此。「廢殿只啼鴉」，喻明室傾覆，宮殿成廢墟，只聽得亂鴉悲啼。

嘉紀也藉著突顯民族氣節、頌揚抗清烈士，表達故國哀思。

〈一錢行贈林茂之〉云：

先生春秋八十五，芒鞋重踏揚州路。……昔游倏過五十載，江山宛然人代改。滿地干戈杜老貧，囊底徒餘一錢在。……杯深顏熱城市遠，卻展空囊碧水前。酒人一見皆垂淚，乃是先朝萬曆錢。（註一二八）

好友林古度，明亡後居金陵，將一枚明朝萬曆年間的銅錢貯於囊中，五十年未曾棄置。康熙三年（一六六四），古度至揚州，探訪舊時交游，酒酣耳熱之際，展示空囊中的一枚舊錢，衆人乍見不覺雙淚滴垂。「江山宛然人代改」一句，指明、清改朝換代，江山依舊，人事全非。「酒人一見皆垂淚」，非僅憐憫古度的貧困，而主要是悲悼亡明的傾覆，頗有南渡之士「新亭對泣」的感喟。

〈寄題汪于鼎、文治始信峰草堂〉之三：

> ……聳然來獨坐，復聞江烈士。清飆卷巘雲，飛鶴投泉水。卒逢君父難，寒裳別桑梓。髮過三山豎，頭擲九衢死。何用蓮花青，何用靈芝紫？烈士即仙佛，吾慕寒江子。（註一二九）

寒江子名江天一，正直廉介，工文章，甲申死于國難，魏禧曾爲之作傳。嘉紀不顧時忌，對殉國的烈士表達了無比的崇敬。

嘉紀的故國之思，還流露在其他贈別抒感的作品中，如〈送吳仁趾〉之一：

> 鳳凰台北路迢迢，冷驛荒陂打暮潮。汝放扁舟去懷古，白門秋柳正蕭蕭。（註一三〇）

此詩送吳仁趾去南京，「鳳凰台」、「白門」皆指南京。張衡〈東京賦〉「望先帝之舊墟，慨長思而懷古」，此處「懷古」二字，蓋亦有「望先帝舊墟」之寓意。白門爲南明京都所在，「秋柳蕭蕭」，暗示繁華落盡，蕭條淒涼的景象。

〈贈歌者〉云：

> 戰馬悲笳秋颯然，邊關調起綠樽前。一從此曲中原奏，老淚沾衣二十年。（註一三一）

嘉紀寫此詩時，明亡已二十年，但他眷戀故國的心未曾稍減。乍聞歌者奏「戰馬悲笳」曲，不由得悲從中來，想起當年清兵大舉南下，從此中原淪陷，不禁又是老淚縱橫。

明亡之初，遺民志士支撐東南半壁江山，尚圖規復。然而隨著抗清活動節節失利，清朝政情逐漸穩固，恢復明室已徹底無望。〈泊船觀音門十首〉之一：

征南十萬卒，如蟻泊歸舟。懸旆纏雲腳，悲笳裂石頭。清平他日夢，行旅夕陽愁。亡國恨無盡，滔滔江水流。（註一三二）

南征的十萬兵卒，掃蕩了殘餘的抗清勢力，返航的戰船滿佈江口。想到清平之日不可能實現，亡國的仇恨，有如東流的大江，滔滔無盡！

第八節　吳詩中的處世心態

吳嘉紀一生的心路歷程，大略經過三個階段的演變：少年時，留心科舉，志在四方；國變後，棄絕舉業，臥吟水濱；康熙朝，結識入仕名流，復萌用世之心。

袁承業《王心齋弟子師承表》曾提到，嘉紀成童時習舉業，明亡前，參加州試，獲得第一。二十歲時，從名儒劉國柱學。〈喜劉師移家淘上〉有云：「其時我年方弱冠，如航巨壑初得岸」，學成後，正想大展抱負，未料山河變色，壯志落空。同詩云「業成慷慨出衡門，海內誰知遭喪亂」！

袁氏《師承表》云：「入國朝，輒棄去（舉業），曰：男兒自有成名事，何必區區學舉業也？自是專工爲詩，歷三十年，絕口不談仕進。」（註一三三）由于「江山非舊」，吳嘉紀拋棄了舉業，拒仕新朝。周亮工〈吳野人陋軒詩序〉，記有位分司使，聽聞吳嘉紀能文，則「急請之見」，而吳嘉紀卻「數請數辟之，辟之不得，強與之見；見則大悅，以爲眞能文之士；士固無出其右者」。時人「自是望野人若不不及，漸有過其廬者，野人終閉戶不與之接」，（註一三四）陳鼎《留溪外傳》亦載：「使者急召之，不至，數召數避去」。（註一三五）

國家遭逢喪亂，產業破敗。以吳嘉紀的才學，如應科舉試，即可擺脫貧困，聲名顯達。但他並沒有這麼做，依然過著兒啼飢，妻忍寒的窮餒生活。尤其他那深明大義，不恥惡衣惡食的賢妻，時時給予激勵，使他能夠堅守自己的心志。

吳嘉紀以詩聞於鄉里，有附庸風雅之地方官強令賦詩送別，〈送貴客〉一詩云：「曉寒送貴客，命我賦離別，髭上生冰霜，歌聲不得熱。」（註一三六），語中充滿憤慨，其堅決避俗、謝絕逢迎的心態表露無遺！

順治十八年，吳嘉紀經汪楫介紹結識周亮工。據《今世說》的記載，周亮工是個十分簡傲的人，「周櫟園好客，然不耐俗士，有過從者，周便率意與談，盡輒望其去。坐少久，輒露不快色，去又輒忘其姓字。」（註一三七）但周與吳卻極爲相投，二人詩酒唱和，過從其密。

康熙二年，王士禎因周亮工而知嘉紀其人，並爲其詩作序。當時「王阮亭以詩鳴海內，士大夫識與不識，皆尊爲泰山北斗」（註一三八），故干謁者不絕。吳嘉紀雖獲王士禎青睞，卻不敢私下謁訪，嘉紀賦謝詩中有云：「阮亭先生，蒞治揚州。東海野人，與麋鹿游。玉石同堅，貴賤則別。光氣在望，不敢私謁。」（註一三九）總要對方「強致之」，才「力疾一出」，而出現在達官貴人的面前，他總是一副落落寡合，冰炭不容的樣子。汪懋麟〈吳處士墓誌〉形容他「布衣草履，低頭座上，終日不出一語」，表面看似侷促不安，其實他心中自有一把尺，〈后七歌〉之七云：「朝來得與顯者遇，賓客笑我言辭拙，男兒各自有鬚眉，何用低顏取人悅？」（註一四〇）

時光流轉，清初建國時的紛亂擾攘，漸次平息。到了康熙盛世，朝廷為鞏固人心，採行一些懷柔政策，如開科考試，任用漢人做官。〈送汪叔定〉之三有句云「聞道盛時刑漸措，舉朝推重讀書人」（註一四一），吳嘉紀不諱言的表示了歡迎的態度。為了籠絡人心，推展經濟，清政府也實施了獎勵墾荒、整飭賦役的措施，在歌誦汪芾斯的五首德政詩中，農村展現了新貌——「只今中十場，里巷何晏然！牛車夜不歇，雞鳴月在天。民物各自適，誰知官長賢？」（註一四二）

吳嘉紀年輕時就曾有慨然經營四方的心志，再加上朋輩的紛紛入仕，相濡相沫間，又激蕩了他經世濟民的胸懷。他是個有悲憫之心的人，身在陋軒，卻深入觀察小民的生活，同情他們的疾苦悲痛。對於自己徒有用世之心，卻侷促水濱的傷感，時常不經意的在詩句中流露。好友王又旦年紀輕，成名早，三十歲生日時，吳贈詩曰：「蘭若生山中，花葉自葳蕤；芳馨感君子，移植白玉墀。一朝蒙顧瞻，形影何光輝。」（註一四三），其時吳嘉紀已五十歲，相較之下，對自己則有：「老驥伏櫪下，努力亦已遲」（註一四四）的感慨。〈之東亭訪吳楞香〉之二云：

> 故人光采多，瑋瑋璆琳器。顧我砂礫中，遲暮嗟同志。志同出處殊，我實由自棄。負薪歌聲哀，春米筋力匱。軒然老烈士，束縛飢寒傍。良馬甘鹽車，老死何止傷！（註一四五）

既然有心濟世，卻徒託空言，致與故人「出」「處」殊途，吳嘉紀對自己的「自棄仕進」，不無憾意！〈懷汪二〉之三，有句曰「予也志四方，皓首棲廢館」，又曰「汲井素綆短，旁人不相知，咥咥笑予嬾」（註一四六），臨老之際，想起年少時的雄心壯志，再看看如今髮已蒼蒼矣，對於旁人嗤笑他的慵懶，有著難以言宣的沉痛！

王士禎曾戲謂舟次：「野人固冷，今因君熱矣」（註一四七），或許阮亭先生已感受出吳內心深處的轉變。只是要特別說明的，這個「熱」，非「熱中名利」的「熱」，而是「兼濟天下」的「熱心腸」。吳嘉紀有詩曰「物生貴有用，豈必老煙霞？」（註一四八），就是他眞正的心意。入清後的四十年，逃世與用世的意念，既矛盾又複雜的交戰於內心。他不是有心求仕，而是想有用於世。

戰亂的歲月，孱弱的病軀，使吳嘉紀大半生都處於貧窮潦倒中。仰不足事父母，俯無法蓄妻孥，羞慚、怨嗟鬱積於心中，養成他易感、敏銳的心緒。父母棺柩不能入土、兄長慘死、姊妹運蹇、兒子委屈，再加上個人的出處窮通，在在都使他心神戰慄，一股不平之氣沉積鬱勃，流瀉於詩篇。〈送汪梅坡，兼寄悔齋、蛟門〉云：

……繇來賢哲草莽間，饑寒困辱無不有！紀也鄙人豈其偶，悲吟拾橡東西走。入山坎壈多，照水形容醜。……（註一四九）

甘居草野的賢哲，從來就是飽受饑寒困辱的，嘉紀自認是粗鄙之人，不敢與他們相提並論。但他也飽嚐飢餒，過著「悲吟拾橡」的日子，臨水而照，只見自己醜陋枯瘦的形容……。

他渴望有用於世的心意，常不自覺的一再流露。如〈雜述〉之二：「改劍為斧斤，聊作採薪叟；壯心誰謂平？利器猶在乎。」（註一五〇），〈自城中歸東淘，哭袁姊丈〉之四云：「吾衰壯志未銷磨，侶伴嗚嗚對酒歌」（註一五一），〈臘月四日，贈袁姊丈漢儒〉云：「我亦衰年為釣叟，愁來無處見先民。漁竿在掌作雄劍，往往遺笑尋常人。」（註一五二）甘於窮餓的心境中夾雜著一絲苦澀，一絲寂寞。

苦吟不輟，是為了吐露心中的悲憤。〈留別汪梅坡二首〉之一云：「我生如蜻蛚，草間吟不休；思欲吐悲憤，不鳴復何由？」（註一五三），長歌當哭，是他的無奈。有心用世，並不是為追求功名，而是年少時的雄心壯志，時常在心中躍然欲動。〈垂釣行答鄭絳州〉云：

> 壯志猶存貌已老，夜深顧影生歎嗟。悔未從學安期生，徒羨其棗如大瓜。又未獲從李廣遊，彎弓射虎南山頭。（註一五四）

掩飾不住的強烈使命感，晚年仍在心頭激盪著。儒家傳統積極用世的態度，仍深深牢籠著他。但「有裙羞向王侯曳，有謀懶與親朋說」（註一五五），口將言而囁嚅，官場的奔競令他窒息，最後只好「甘心淪布衣」。

「葭蘆可以栖，鳫鶩可以儔」（註一五六）的日子到底不好過，父飢母寒，妻啼子號，朝不逮暮的恐懼，緊緊綑綁著他。〈留別汪梅坡二首〉之二云：「藹藹古貧士，孤雲不可攀。爨火絕七日，詠歌有好顏。伊予懷清芬，骯髒葭蘆間。士生立百行，先欲堪饑寒。」（註一五七），末兩句眞是道盡了千古窮書生的沉痛！

第九節　吳詩中的山水登臨

清康熙詩人，歷城王苹〈讀吳野人詩〉：「海上吟詩到白頭，菱花滿地一沙鷗。一生不出東淘路，自有才名十五州。」（註一五八）詩中對吳嘉紀甚爲推崇，但「一生不出東淘路」，則與事實有出入。嘉紀並非一輩子都窩居東淘，他到過揚州、鎮江、南京等地。他是個喜歡登臨山水的人，只是囊底羞澀，生計困窘，無法遊遍大江南北。

嘉紀一生走訪揚州的次數甚多，據楊積慶先生《箋校》後所附年譜，可知以下行蹤。順治十三年，與吳周赴揚州，治程琳仙喪。十七年，應周亮工之招，至揚州見王士禎。康熙元年，與孫枝蔚赴揚州，立冬前一日，與孫枝蔚、郝羽吉、吳謇泛舟至平山堂。康熙二年，在揚州郝羽吉府中作客。康熙三年，春，與林茂之、錢肅圖、陳維崧等人酬聚；秋，與汪楫泛舟平山；重陽前，別揚州歸家。康熙四年，上巳，遊揚州汪氏愛園；七夕，禪智寺送別王士禎，風潮後歸東淘。康熙五年，寒食，與諸子宴集康山。康熙六年，在揚州，八月間偶歸東淘。康熙七年，二月自揚州歸東淘，爲其子娶婦。康熙八年，秋，在揚州見山樓餞別汪懋麟。康熙十六年，春，至揚州送汪楫之贛榆教諭。康熙二十一年，春，至揚州，過郝乾行青葵園。

所以嘉紀詩集中，頗多題詠揚州的作品，卷一即收有〈揚州雜詠〉八首，吟咏董井、瓊花、玉鉤斜、第五泉、平山堂、隋隄、浮山、梅花嶺等景致。其他詠揚州的詩作，如：

〈登康山〉之二

終歲羈人寰，登臨忽生趣；夕陽澹澹斂，倒上城頭樹。同人命素甕，言笑罕塵務。草根來蛺蝶，沙渚宿鷗鷺。龍鍾不還鄉，羞見東西路。（註一五九）

〈再登康山〉

南部登臨值好天，草堂風景尚依然。樹頭葉落空巢裡，江上山青夕照邊。愛有歌童催客醉，慚無樂府使人傳。梅開雪霽還來此，倒盡殘樽一枕眠。（註一六〇）

康山在揚州徐寧門內，明康海以救李夢陽罷官，隱居於此，佯狂玩世，終日痛飲彈琵琶。這兩首詩，嘉紀皆未多著墨寫風景，而是借登臨自傷，以發抒興會。

〈城北泛舟〉

高塍流細泉，湖草碧芊芊。燕子歸僧舍，楊花落酒船。良辰漣雨後，往事古臺邊。水調無人唱，隋宮起暮煙。（註一六一）

由末句「隋宮起暮煙」，知「城北」謂「揚州城北」也。在幾番風雨後，湖草長得更爲碧綠，楊花一路飄落酒船。傍晚時分，由暮煙想起隋宮往事，亦是寫景中寓吊古之意。

〈晚發甓社湖〉

終年住城郭，今夕在菰蘆。淮水渾無岸，秋天半入湖。見人浮鴈起，逆浪去船孤。明月眞如畫，何煩蚌吐珠！（註一六二）

末句「何煩蚌吐珠」下，嘉紀自注：「湖中老蚌吐珠，光耀遠近」。《廣陵覽古》：「甓社湖在高郵州西三十里。宋孫莘老家湖陰，夜讀書，覺窗明如畫，循湖求之，見大珠，其光燭天。」（註一六三），嘉紀化用此一故事，而曰「明月眞如畫，何煩蚌吐珠」，別饒意趣。

《陋軒詩集》中記鎭江山水的詩，如：

〈過金山寺〉

屢向征途見此山，興來維艇一躋攀。忽開襟抱魚龍際，況載樽罍水石間。吳楚千年流白石，風塵半世損朱顏。留雪亭上人微醉，坐看江帆暮往還。

雨後山清鐘磬新，松窗栖宿白鷗親。江雲飛近郭公墓，海月蕩來揚子津。馳聘於今無馬路，興衰不問有漁人。誰知勝地仍擐甲，嗚角嗚嗚愴客神！（註一六四）

金山寺在鎭江西北金山上，留雲亭位在金山絕頂，而郭璞墓在金山前小島上。嘉紀因屢次在征途中，望見金山，乃發興攀上絕頂，在醉眼矇矓中，坐看點點江帆。江山一片勝景，然兵戈未息，嗚角嗚嗚，讓遊客悲愴不已。

〈望焦山〉

矶矶中流見石屏，波濤蕩激坐來聽。曾聞冰雪臥高隱，但有松杉留戶庭。雲起南徐群壑動，潮連東海半江清。回風明月吹船去，山腳先尋瘞鶴銘。（註一六五）

焦山在鎮江城東，與金山對峙。南徐，即鎮江。瘞鶴銘在焦山水中，後碑斷剝落江底。蘇州糧儲副使王燁，令善沒者縋險而下，探取得之，湘潭陳鵬年爲置焦山寺中。嘉紀此處用典穩實，頗具興味。

〈和雨臣京口雪望次韻〉

大江寂絕無鴻度，水色淡然中有船。船上漁人山際樹，一時俱化雪中煙。（註一六六）

京口，指鎮江。大江上白茫茫一片，不見飛鴻身影。天地冰封，寂然無聲。水天相接處，但見若隱若現的一葉小舟。忽然大雪紛紛飄落，覆蓋了萬物，模糊了船影、人影、山影、樹影，最後一切都溶入了雪煙中。這一首描繪江雪的詩，寫得清逸超塵。

南京，是南明福王建都所在，又是歷史古城，嘉紀每次登臨，都有景物依舊，人事全非的感慨。

〈鳳凰台訪錢湘靈贈詩二首〉

翳翳寒雲下，荒臺何嶙峋？鳳凰不來遊，梧竹愁殺人！誰愛一抔土？抱琴來結鄰。登臨發慷慨，長句助有神……昨聞故園松，樵人斤斧逼；扁舟遺兒歸，涕淚正霑臆。（註一六七）

鳳凰台在南京。故園松爲斤斧所逼，暗喻「故國喬木」爲斧斤砍斫，此所以涕淚霑臆之故也。

〈送汪二楫遊攝山〉

……憶昔郝髯偕我來，中峰澗中石上臥。細苔冉冉終日溼，古樹森森兩崖大。懸泉曲折遠投澗，分散亂從樹根過。郝髯倦遊今負瘵，鄙人漂泊正苦餓；致汝登途屢回望，攜手侶伴少兩箇。佳山良友可怡悅，兼此二者誰能那？日落且向棲霞寺，江峰寂歷歌自和。爲我寄語六朝松，老幹無恙眞足賀。（註一六八）

攝山即棲霞山，在南京城東北。嘉紀追憶與郝羽吉同遊的情景，當年佳山良友，兼而有之，是人生一大樂事。如今六朝松依然無恙，而郝髯負瘵，自身苦餓，實不勝唏噓！

〈登燕子磯〉

空翠壓蒼波，高亭試一過。江流向北小，山色直南多。風雪孤舟遠，饑寒兩鬢皤。浮家願不遂，老眼看漁蓑。

危磯猶似昔，孤客獨傷魂。親友浮雲散，關山曉霧昏。疾帆衝白鷺，怒浪擁蒼黿。俯視維舟處，潮收露石根。（註一六九）

〈登雨花台〉

步尋古衲談經處，處處松陰老更蒼。千里客來雙屐冷，六朝人去一臺荒。風塵有恨高雲接，石徑無花衰草長。佇久不知歸路遠，共隨啼座下斜陽。（註一七〇）

以上二首亦是嘉紀到南京登臨名勝，覽古傷今，而發千古興亡之歎！

至於泰州一地的景物，嘉紀亦頗多題詠。如《詩集》卷六有〈東淘雜詠十首〉，記范公堤、勉仁堂、竹園、東寺磬、崇寧觀鐘、白龍潭、古石梁、常家井、園田、影山等景致。其他相關的題詠，散見於各卷。茲舉以下數首，以作說明：

〈竹園〉

抽筍思凌雲，結根肯傍海。野霜叢森森，水月碧靄靄。一從種植來，幾遇人代改？蕭瑟天海間，清風四百載。（註一七一）

詩題下，嘉紀有注：「紀四世祖顯卿公墓上竹也」。所以表面上是詠竹之清雅、虛懷，實暗喻先祖之高風亮節。修竹森森與水月靄靄相映，襯托了周遭環境的清幽靜謐。

〈影山〉

泱漭東海邊，一丘何竦峭。地僻名不章，湖清影自照。棲雲林樹低，驚月鸛雛叫。祇應垂釣翁，繫艇來登眺。（註一七二）

影山在安豐場新豐團，秀麗峻峭，挺立於浩渺的東海邊，一座「地僻名不章」的小山，經嘉紀一描繪，幽遠清絕，令人神往。

〈青萍港〉

青萍港，樹翳翳，野煙入河河水黑，來船去船樹根繫。人家門開鵝鴨歸，酒店月出藤蘿細。模糊缸底釀，鮮新網來鱖。村無盜賊客有錢，買君一醉高枕眠。（註一七三）

青萍港在泰州東九十里處，或作青瓶港。這首詩用詞樸質自然，把港邊船隻忙碌，魚兒鮮新的情景，寫得熱鬧有趣。

〈海安鎭〉

古鎭樹修修，長河流泯泯。西顧吳陵大，東來楚尾盡。淮泗英雄起戰爭，將軍此地築孤城。城土只今尚壘壘，吁嗟人事一朝改！來羝去犢暮逡巡，草色愁殺行路人。（註一七四）

海安鎭在泰州東百二十里處，爲海防戍守據點。明時倭警，築有土城防禦，後傾圮。詩中「城土只今尙壘壘，吁嗟人事一朝改」，大嘆明社覆亡，人事全非。末二句，極言故城殘壘的荒涼，只剩牛羊徘徊，古樹碧草愁殺行人！

嘉紀遊賞山水的詩，寫得古淡淸遠，含蓄蘊藉。他有一首七律〈樊村紀遊〉，詩前有篇長序，言語簡鍊，優雅可誦，宛如明人小品，令人驚喜：

……抵樊，招鴻寶到，帆下，放棹中流，夕陽數點，綠綺一片，輕風與客俱至，花意悅懌。乃命童子煮酒，甫舉盃，見邨南高柳森立，碧成世界。更移舟，尋路至柳下。是時也，亂葉與蟬鳥共爲一聲，月漸出水，濛濛蒼蒼，絕非人間境。默酌久之，雲盡波寬，群動皆夢。羽吉起謳，象賢引管絃佐之，婉折頓挫，令人忘情……（註一七五）

此段紀遊文字，較之明人性靈小品，毫不遜色。嘉紀身後以詩歌傳世，未見其他文學作品，這篇序文，讓人彌覺珍貴。

第十節　吳詩中的題圖之作

明末，吳中名士多善書畫，題圖詩隨之大量產生。清初文人畫，不再局限於山水、花鳥、竹石等文人墨戲。一些文人常自寫小像，或倩人畫像題志，藉畫中景物、服飾、呈現之主題，以透露心跡，頗耐人尋味。

《陋軒詩集》中，時見題圖詩。此類詠畫詩，並非全然題詩於畫上，有時是於畫外另有詩作。其中以爲友人畫像題詠的詩最多，如〈題孫豹人撫琴圖〉：

高生入秦，伍氏適吳；鉛筑鐵笛，困辱窮途。孫郎出關，焦桐坐撫。懶事成連，羞爲阮瑀。悽悽秦聲，烈烈壯心。聞此音者，誰不沾襟？（註一七六）

〈題孫豹人醉吟圖〉

……溉堂先生爾何憂？盛年鶴髮已蘇蘇。一片浮雲辭故國，邈然意興隨糟丘；及時綠醑斟在手，對景清吟弗住口……

茂世盜飲但求醉，甕旁顏面不堪視。靈均行吟悴爾形，濁世豈能容獨醒？……吟聲浩浩容色閒，既如陶元亮，復類白香山；獨有深情無可似，孤影躊躇詩酒間。（註一七七）

「悽悽秦聲，烈烈壯心」、「獨有深情無可似，孤影躊躇詩酒間」，畫龍點睛的將兩幅圖畫中的主題突顯了出來。

〈題振衣千仞岡圖，爲郝羽吉〉

峨峨高岡，鸞鶴之鄉。彼何代子？來遊來翔。手整襟帶，身俯松篁。緇塵弗及，笑弄景光。昨

日世網，搔首相望；今日天風，衣衫飄揚。（註一七八）

〈題汪長玉舟中獨酌圖〉

郭門青覽，舒州舊杓；抱上釣船，任船飄泊。葦白江清，鷺飛漠漠。飲盡陳醴，醉眼寥廓。（註一七九）

〈題程飛濤獨坐抱琴圖〉

憶在梧下，聞君鳴琴；高山流泉，兩人會心。君今兀坐，碧梧空館。皎皎冰絃，欲揮意懶。豈惜古調，知音則遠。（註一八〇）

「昨日世網」、「今日天風」，「飲盡陳醴，醉眼寥廓」，「豈惜古調，知音則遠」，頗能點出振衣千仞、舟中獨酌、獨坐抱琴的境界，將詩情與畫意交融，以襯托畫中欲表達的畫旨。

其時，文士作「題圖詩」，蔚爲風尚。如《陋軒詩集》卷一有〈題張良進履圖〉、〈題卓文君當爐圖〉詩，孫枝蔚《溉堂集》壬寅七絕有〈題畫五首同吳賓賢汪舟次作〉，依次爲〈石崇擊碎珊瑚〉、〈朱買臣負薪〉、〈卓文君當爐〉、〈張良進履〉、〈蘇武牧羊〉。又如前引〈題孫豹人撫琴圖〉，王士禎《漁洋精華錄》甲辰有〈題孫豹人小像〉：「絕磵長松不世情，科頭箕踞一先生；胸中磊塊無人語，落落琴聲大蟹行」（註一八一），知王氏所題亦爲「撫琴圖」。又如「郝羽吉振衣千仞岡圖」，孫枝蔚《溉堂續集》有〈爲郝羽吉題小像〉詩，序云：「戴葭湄爲郝羽吉畫小像，置身千仞岡上，蓋取太沖句也。方爾止、吳賓賢、王幼華各題詩其上」（註一八二）可知該圖同時有數人題詠。同時代詩人的集子中，如汪懋麟《百尺梧桐閣集》、汪楫《悔齋詩》，皆有一些題圖詩。

除好友外，亦有爲賢母孝子之畫像題詠。如〈題易書圖贈蘇母〉詩，詩云「蘇宇之母世稱賢，紡績換書授孤子」「母子勤劬燈影間，雞鳴夜夜空閨寒；織作日久書亦多，麻縷珠玉總一般」（註一八三）蘇宇之母，以織作易書，教授孤子，爲世稱頌。

〈題汪孝子子喻先生遺像〉

悲哉孝子！爾力爾血，力竭逢哀，血盡存骨。骨隨老母，皓月青峰。昔聞芳躅，今識舊容。儀若古賢，情則嬰兒。言念北堂，惄然以思。（註一八四）

汪子喻爲汪道昆從孫，以孝聞名。嘉紀詩前有序云：「孝子遺棄榮名，隱居煉丹峰下，竭力養母，四十年弗怠。母老死，孝子慟甚，哭輒嘔血，亦死。令子于鼎、文治以行樂圖見示，圖繪孝子松泉間，面諼草不違北堂，蓋生前素志矣。」（註一八五）

嘉紀爲好友、名士題詠，亦爲鄉野小民題像。〈題王大像〉序云：「王大既沒，其友李十一，貌其田間小像，沽酒祀之，爲題絕句二首。」詩云：

何緣世上見情親？粉繪經營一寫眞。觴酒槃燈風雨夜，霑衣重對故時人。

槐柳陰涼夏日斜，含情獨立在田家。石湖水上飛鳧子，茆屋門前發稻花。（註一八六）

嘉紀本身曾乞小影於劉道人，〈寒夜寄劉道人並乞小影〉詩云：

鄰寺磬聲過，户內靜如谷。此時燈影中，道人應未宿。夜冷尋寂寞，身物齊向肅；不知獨坐時，曾

念吾面目？道人倘相念，起就窗下墨。短杖雙芒鞵，長溪幾寒木。寫出吳野人，與君坐茅屋。（註一八七）

短杖芒鞵，長溪寒木，與道人對坐茅屋，這是嘉紀的「夫子自道」，畫境的古淡高遠，正如其詩。陸廷掄〈吳先生野人小影贊〉序云：

先生予畏友也。文章氣節，當今無輩，不幸以夏五死。越數月，故人程雲家奉圖索贊，予爲嗚咽久之。圖作荻花一片，先生洎程離立范堤之最高處，若盱衡狀。予既悼吳，兼重程請，援筆作贊，亦識予之傾倒於先生者至矣！

贊云：

蒹葭蒼蒼，離立高岡，欲去不去，躑躅相羊。天都程生，與君同德；跫跫距驉，何時暫析？暘谷在眼，若木無枝；長歌遠望，泣下沾衣。嗟彼東淘，無異培塿！松柏何來？亭亭直峙。前有心齋，後有吳子，歷年三百，與國終始。此以節鳴，彼以學植。借問來者，是一是二？（註一八八）

荻花一片，立於范堤最高處，作盱衡狀。雖與長溪寒木，坐茅屋中的意境有別，但程岫的高誼與陸廷掄的推崇，足令嘉紀無憾了！

其時，尚有一種風氣，壽辰繪古人故事十二幅，請知名之士一一題詩。如康熙十三年，汪生伯七十壽辰，嘉紀作〈題圖詩十二首〉，自序云：

甲寅孟春，汪生伯先生七十初度。先生行誼類前賢者，親友繪圖以介壽；紀同孫豹人製詩。（註一八九）

此十二圖，依次爲〈劉殷授七子經史圖〉、〈王祜三槐圖〉、〈虞玩之卻屐圖〉、〈陶侃運甓圖〉、〈劉凝之散錢圖〉、〈王烈感化鄉人圖〉、〈范仲淹義田園〉、〈郈成子反璧圖〉、〈楚丘先生說孟嘗君圖〉、〈龐德公釋耒答劉表圖〉、〈衛武公規箴圖〉、〈萬石君家居圖〉，嘉紀一一就畫意、典故賦詩，爲汪氏賀壽。

嘉紀又有〈後題圖詩十二首〉，詩序云：「新安徐翁文振，長者也。春秋七十，同里汪叔向悉其生平，繪古人盛德事以彷彿翁；紀賦詠古人詩，蓋詠翁也。」（註一九〇）此十二首詩爲〈題（計然）遨遊圖〉、〈題（劉殷）采芹圖〉、〈題（姜肱）共被圖〉、〈題（胡壽安）清儉圖〉、〈題（沈道虔）撫孤圖〉、〈題（柳世隆）遺經圖〉、〈題（范希文）義田圖〉、〈題（劉翊）贈牛圖〉、〈題（鄧郁）服食圖〉、〈題（李士謙）焚券圖〉、〈題（陶潛）愛下圖〉。又前引〈題易書圖贈蘇母〉，實亦屬賀壽題圖詩。孫枝蔚《溉堂續集》有〈題掩錢圖壽蘇母汪太夫人〉詩，序云：

吾友蘇與蒼，採古來賢母教子事，自孟母下共得十二人，命工繪圖，徵詩於海內作者，以壽其母。（註一九一）

是可知〈易書圖〉其一也，蓋取唐李昭母，以珍玩易書教子之故事。

吳嘉紀也有幾首眞正的題畫詩，爲當時名家的畫作題詠。如〈夏日題松圓老人畫，寄吳蘭根〉：

……床上展閱松圓畫，庭宇冉冉雲氣來，山川蒙蒙雪片大。巖裂風吼石欲墮，泉銜竇凝霰微灑。遲遲行路者誰？身縮驢背乏覆蓋。………（註一九二）

松圓老人爲程嘉燧，清初名畫家。詩中將行路者衝冒風雪的情景，很生動的描繪出來。

〈爲吳爾世題漸江上人畫〉

漸公乘化去，墨蹟留人寰；展對清秋時，空堂來萬山。山雲爭靈奇，觀者欲躋攀。巖際林遠近，峰頭瀑潺湲。………（註一九三）

漸江上人，俗名江舫，歙縣人。嘗往黃山，收松雲巖壑之奇，一一著之於畫。

〈題亡友江天際畫〉

牛羊落日散秋山，沽酒維舟綠樹灣。座上畫師成隔世，空留風景在人間。（註一九四）

江天際，亦歙縣人，善畫，工於人物。此詩有序云：「甲辰（康熙三年）秋，汪舟次招諸同學泛舟平山，天際即景作畫。」

第十一節　吳詩中的應酬贈答

《陋軒詩集》中，頗多應酬贈答的詩。其中或有部分出於人情酬酢，唯大部分仍屬心有所感之作，甚有至情至性的佳作。

嘉紀與朋友倡和的詩，於上章〈創作環境〉中已論述。本節所述大抵爲送別、懷遠、賦謝、稱壽、賀婚、褒揚、追輓等作品。

〈自淘上至竹西，送汪舟次贛榆教諭任〉

雨止聞雞鳴，披衣坐孤舟。新柳三百里，一路上揚州。桃花照田父，草色娛隴年。竹西春風來，絲管何啁啾。倚棹忽不懌，念君將遠遊。家有范生甑，人彈貢氏冠。可憐天下才，逡巡就小官。俸米焉能飽？華簪安足歡？良驥不好櫪，美瑜不戀山。則知高賢意，不是愁饑寒。（註一九五）

嘉紀由東淘趕赴揚州，爲了送汪楫到贛榆任教諭。本來一路上桃花春風，景色迷人，忽然想到好友將遠遊，心裡就不快樂起來。這一不快，更使心頭翻湧，感慨好友以「天下才」，「逡巡就小官」，不免心生憐惜，而惆悵好友壯志難酬！有才不得展！從詩中可見二人相交之深，會意之遠。

〈送吳後莊歸灣沚〉之二

憶昨君抱痾，攜手在海徼。東籬菊正花，夜夜明月照。病起淚轉滴，離群適遠嶠。良會固不常，其時年各妙。君今復罹疾，旅舍相慰勞；慰勞病稍蘇，荒江問歸棹。褰裳更送君，臨水見老貌。浩浩東流水，逝波何時到？葉落難上樹，人老不再少。何如疾疢時，得共開口笑（註一九六）

吳後莊亦患有肺疾，嘉紀對他有同病相憐的感情。以往年輕時，他們曾在良辰嘉會聚首。而今後莊舊疾復發，嘉紀的安慰使他的病痛稍有舒解。臨行時，他們最期盼的，就是哪一天病體痊癒時，兩人可以開懷大笑？詩中充滿了對摯友的關愛與慰藉，令人感動。

嘉紀是個重感情的人，與知己生離，常令他傷情。集中送行之詩隨處可見，如〈送王黃湄之海陵〉、〈送汪左嚴歸新安〉、〈送吳仁趾北上〉、〈送孫豹人〉、〈送方爾止〉、〈送汪二楫遊攝山〉、〈送王幼華歸秦〉、〈送吳冠五還屯谿〉、〈送高雲客歸道安草堂〉、〈送汪三韓之秦郵〉、〈送汪左嚴之虎墩〉、〈送周雪客北上〉、〈送汪左嚴之太湖教諭任〉、〈贈別李艾山〉、〈送汪悔齋使琉球〉、〈送孫八遊金陵〉、〈送孫無言之吳門〉……等等。

朋友聚少離多，分手後，憶起好友種種，每形於吟咏。

〈九日懷王西樵客廣陵〉

海雲何漫漫，北飛來鴈南去燕。田家酒熟少親昵，開門望君君不見。我荷長鑱返故園，君飄短髮羈他縣。幾枝黃花不得共，悔卻從前稀見面。灣頭茱萸顏色新，紛紛絲管出城闉。相如多病誰曾問？落葉秋風愁殺人。（註一九七）

茱萸灣，又名灣頭，爲揚州人送別之所，在城之東北十五里。嘉紀以「茱萸灣」表示好友相離，尤其在北鴈南來，落葉秋風的季節，更是引發人們的愁思。以往相聚時，不知珍惜大好時光，落得如今「悔卻從前稀見面」。

〈懷汪二〉之六、之七

夜半急雨來，驚鴻聲啾啾。不眠起長歎，人在古吉州。翳然瘴癘鄉，巒山荒且稠，猿狖愁煞心，時時啼不休。淒絕獨眠夜，傷哉斗粟謀。吳天斷北信，灨水長東流。徒令行路人，引領頻夷猶。

冉冉樹中草，植根苦不卑；因依生意薄，寸心常憂疑。自我客君家，盧陵夢見之，須臾亦良會，覺來惜已遲。庭前寒梅花，是君手種枝；東風入門來，南枝生藏蕤。日夕相顧盼，思君君不知！

（註一九八）

汪二，指汪楫。原詩計有十首，上引其六、其七。時汪楫遠遊豫章，豫章古稱吉州。夜半急雨驚鴻，猿狖哀啼，嘉紀遙想吉州故友，倍覺悽愴。庭前寒梅，爲汪二手植，嘉紀日夕顧盼，睹物懷人，思念之情油然而生。

嘉紀有一首〈憶老朋〉詩：「開戶一天霜，老朋在前路。別時去我遠，記得頻回顧。」（註一九九）寫得短小可愛，寥寥二十個字，明白如話，卻深情無限。

朋友交往，或相互扶持，或間有餽遺，此乃禮之常。嘉紀詩集中，亦時見賦謝之作。

〈王阮亭先生遠寄陋軒詩序及紀年詩集，賦謝〉

阮亭先生，蒞治揚州。東海野人，與麋鹿遊。玉石同堅，貴賤則別。光氣在望，不敢私謁。先生鳴琴，野人放歌。春暉浩蕩，忽及漁蓑。六一荒台，東山別墅；阮亭新編，頡頏今古。花樹盈隄，風輕鳥啼。媿非非郊島，陪從昌黎。（註二〇〇）

王士禛在揚州爲官，一夕雪甚，燈下檢篋中故書，得嘉紀詩，讀之大爲讚歎，遂爲其詩作序。明日，遣急足馳二百里，寄嘉紀所居之陋軒。嘉紀感念其意，遂賦此詩誌謝。「紀年詩集」，當指《漁洋詩集》，蓋與詩序一併寄達。

〈蕪城病中，謝吳彥懷寄敬亭茶葉〉

授衣時節霜頻下，消渴人眠日欲斜。客路淒其誰倚賴？宛陵棉布敬亭茶。（註二〇一）

吳彥懷爲嘉紀門人，郝羽吉外甥。甥舅二人對嘉紀均甚爲關懷，郝曾寄宛陵棉布，供嘉紀製衣禦寒；此則嘉紀客居揚州，身體不適，弟子寄來敬亭茶，有感而賦此詩。

〈雨中移蕉謝孫八〉

孫八吟詩處，離披盡綠蕉。終年陰不散，三伏暑全消。念我同棲泊，無人慰寂寥。殷勤分數本，恰值雨蕭蕭。（註二〇二）

孫八，指孫枝蔚。這首酬謝詩，寫得清新有致，無半點應酬文字的陳腐氣。

《陋軒詩集》賀新婚的詩，計有〈汪愧前新婚，詠物詩二首寄贈〉、〈賦得對鏡，贈汪琨隨新婚〉、〈寄贈程孝常新婚〉、〈贈王于蕃新婚〉等。

〈賦得對鏡，贈汪琨隨新婚〉

鑑物渾如秋水鮮，揚州鏡子使人憐；盤龍在底無波浪，穩泛鴛鴦一百年。

洞房深處絕氛埃，一朵芙蓉冉冉開；顧盼忽驚成並蒂，郎君背後覷儂來！（註二〇三）

此詩就揚州鏡子著筆，詞意婉約喜悅。第二首末兩句，生動活潑，在《陋軒》「危苦嚴冷」的詩作中，難得見到如此輕鬆俏皮的意境。

〈寄贈程孝常新婚〉

翰墨程生善，聲名一郡傳。里人因擇婿，弱冠已稱賢。壁上龍脣在，鑪中雞舌然。含毫復何嚮？新婦翠眉邊。

江村二月半，沙白草萋萋，林樹水雲聚，人家山鳥啼。室香中漉酒，煙煖甑蒸梨。喜煞含飴者，孫兒今有妻。（註二〇四）

原詩共有四首，此其一、其二。程孝常，爲程雲家之子。雲家長於吟咏，與嘉紀友善。

《陋軒詩集》中，頗有一些稱壽之作。其中有嘉紀爲賀友人及其親屬生日而作之壽詩，亦有時人爲顯親揚楣徵求祝賀之壽詩。

〈汪大生日〉

八月八日叢桂香，汪大生日人稱觴。老夫笑與汪大說：君之生日是二月。君不見二月四日天地昏，神鬼號泣沙石奔；北風怒吹皖江棹，棹折纜斷舟船翻……君也沉沉疊浪中，但言此身死不得。須臾如有物，湧身出浪頭……起向江村向路歸，爲人又從今日始。（註二〇五）

這是一首風格獨特的賀壽詩。汪大，謂汪玠，汪楫之伯兄，八月八日生。癸卯二月，曾覆舟皖江，性命獲全。所以嘉紀戲稱「君之生日是二月」，又曰「爲人又從今日始」。

〈二月十三日，王鴻寶七十初度，贈詩四首〉

當時鄰舍已全非，寂寞樊村一布衣。避地至今牙齒墮，力田連歲稻粱稀。烟深草澤耕牛散，水落蓬門舊燕歸。苦竹寒松生意在，春來膏雨正霏霏。

門東索飯我徘徊，君亦霜田拾橡回。兩室饑寒垂老甚，百年懷抱幾時開？遺憂林卉逢人乞，佐飲園蔬共友栽。記得重陽風雨裡，扁舟遠送菊花來。（註二〇六）

原詩共有四首，此選其一、其三。樊村布衣，謂王鴻寶。嘉紀與鴻寶爲貧賤交，兩人均飽受寒餒。不過貧賤的生活中，他們仍不失雅趣，在風雨中共栽菊花。

〈十月六日，羅母初度，贈詩六首〉之四

三子何翩翩，侍母機杼旁。教之夜開署，焯焯檠燈明。詞華夙所薄，榮譽心尤輕；賢聖傳人間，豈必皆簪纓？他人望子顯，母乃誨兒藏。箕山碧靄靄，潁水流洋洋；懷珠被毛褐，堂上有輝光。

（註二〇七）

詩題下，嘉紀自注：「羅有章、懷祖、臨思之母。」羅母，姓葉，羅若履妻，生有三子。康熙己未（十八年）十月，六十初度，以詩文稱壽者甚多。嘉紀與有章、懷祖善，亦贈詩祝賀。

〈贈汪觀瀾先生，時九十初度〉之一

居愛大海濱，遊愛廣陵城。海大好釣魚，城郭有交情。於中誰最密？二汪如瓊英。迢迢就光采，每每貴逢迎。客來賢父喜，僮僕掃中庭。曾參酒食多，分甘及友生。山雨過園林，石澗幽蘭馨。醉飽臥簷下，櫂船夢滄溟。（註二〇八）

汪如江，字觀瀾，汪楙麟之父。「二汪如瓊英」，「二汪」即指耀麟與楙麟兄弟。

嘉紀對節婦烈女的褒揚，在〈婦女群象〉一節中，已作論述，茲不贅述。嘉紀另有頌揚郡牧循吏的詩篇，列舉如下：

〈德政詩五首，爲泰州分司汪公賦〉之一、之三

嶺海豈不清，感人者芳馨。黔首雖至愚，懷德有同情。荒荒瀕海岸，役役煎鹽氓；終歲供國稅，鹵鄉變人形。饑兒草中臥，蟋蟀共悲鳴。倘不逢良牧，何繇慰群生？撫字日已勞，罷癃日已寧；祝良作甘澤，遍野起歌聲。

風潮飄蕩後，萬井莽荆榛。黃草連遠天，鳴雁愁殺人。茲鄉實寒陋，亟亟思陽春。春風一朝至，草木鬱然新。噓煦六年來，慈祥四海聞。當代選循吏，徵車正轔轔。赤子涕漣洏，唯恐失其親；耆老扶竹杖，鄙生出山雲。未暇贈劉寵，方將借寇恂。（註二〇九）

以上所選爲詩之第一首與第三首。汪兆璋於丁未（康熙六年）蒞任泰州分司，至康熙十一年，已滿六年，故詩中云「噓煦六年」。汪氏廉幹愛民，爲當時少見的良牧，故嘉紀詩中充滿了渴慕感激之情。

〈贈郡伯金長眞先生二首〉之一

在昔二千石，嘗聞劉寵賢；當其別會稽，朱轓誰攀援？耶谿與山陰，老生來翩翩。余亦草茅士，釣魚東海邊。時遭鄉里笑，懶扣諸侯門。明公蒞吾郡，雨下乾旱天。歲豐雞犬靜，閭閻多晏眠。奈何棄此去，恩澤惟一年。薜衣裘馬際，藜杖冰雪間。今日遠相送，自愧無大錢。（註二一〇）

金鎮，字長眞，於康熙十三年知揚州，一年後，旋遷江寧參憲，故詩中有「恩澤惟一年」之句。

〈贈郡伯崔蓮生先生〉之二

淮南纔見駐車輪，十邑絃歌俗一新。久識文翁能造士，誰知杜母更臨民？花開城郭禽聲囀，秫熟村莊酒味醇。飽食醉謳千萬户，先生笑看太平人。（註二一一）

崔華，字蓮生，於康熙十九年，任揚州知府，越一歲，擢兩淮鹽法道，故詩中云「淮南纔見駐車輪」。崔華，以廉能著稱，被推爲「天下清官第一」。

〈贈張蔚生〉之一、之三

天邊涔水下淮揚，興化波濤接海長；魴鱖成群游里巷，槐榆露頂認村莊。未知樂歲逢何如？尚有餘民戀故鄉。召在藹然來税駕，陰森雪窖見朝陽。

早夜煎鹽鹵井中，形容黧黑髮鬖鬖；百年絕少生人樂，萬族無如灶户窮！海色昏昏啼怪鳥，榛聲獵獵起悲風。此中疾苦誰曾問，今日張君昔范公。（註二一二）

張可立，字蔚生。原爲興化縣令，康熙二十一年，來泰州，任鹺運分司。張氏蒞官有仁政，嘉紀比之爲如「雪窖見朝陽」，又將其與范文正公相提並論，可謂推崇備至。

嘉紀給這些爲官者的贈詩，並非全是頌辭，亦有直言不諱的地方，如〈贈趙雷文儀部〉一詩，送給當時榷稅揚州的趙吉士，詩中有云「莫歎疲民全少力，須知長者善臨財」（註二一三），可見嘉紀風骨之一斑。

吳嘉紀的追挽詩，有爲傷悼親人而寫，如〈哭妻王氏〉、〈大姊沒百日矣，詩以哭之〉、〈哭妹〉；

有爲業師而寫，如〈哭劉業師〉；有爲好友而寫，如〈病中哭周櫟園先生〉、〈哭吳雨臣〉、〈哭王太丹〉、〈哭王水心〉、〈哭吳周〉、〈哭琳仙〉、〈挽方爾止〉、〈挽楊集之〉等；有爲賢母而寫，如〈挽饒母〉、〈哭汪母〉；有爲孝子而寫，如〈挽鮑念齋〉、〈傳谿孤子行，追挽徐鏡如處士〉；有爲義僕而寫，如〈挽劉昇〉。

嘉紀哭妻、哭姊、哭妹之作，在第一章，〈家世〉一節已徵引；哭師之作，在第三章，〈交遊考〉一節亦已徵引，均屬肺腑之作，不再贅引。

哭友之作甚夥，以下舉數首說明：

〈病中哭周櫟園先生〉之二、之三

往弔應扶病，知音苦不多。白頭慚我在，青鏡爲人磨。樓閣塵書畫，門牆長薜蘿。頻年車馬少，今日復誰過？

荷衣裁昨日，竹杖曳何之？曲徑蒿生早，荒齋月去遲。錦纏新刻印，稿剩未成詩。景物都如舊，無緣見所思。（註二一四）

原詩共有四首，此爲其二、其三。嘉紀感於周氏知遇之恩，言由衷發，情意眞摯。「錦纏新刻印，稿剩未成詩」，蓋痛惜《印人傳》未完稿，周氏即遽然作古。

〈哭吳雨臣〉之六

曾說買青山，同子種花柳。懷此雖有年，識看心不負。如何楚屈平，一朝攜君手？出入偶不慎，禍

來復誰咎？故交剩老夫，霜風吹皓首。徒念沮溺輩，終身戀畎畝。（註二一五）

吳雨臣於甲辰（康熙三年）九月十日，覆舟皖江溺死。嘉紀想起以往，二人曾相約買山種柳，此一願望已無法再實現。故交零落，自己也體貌早衰，不由得心中有無限的辛酸與傷痛。

〈贈汪秋澗〉

秋澗九尺軀，雙腕最有力。自稱草野臣，提刀能殺賊。家破仇未報，亡命走江北。黃金買紅袖，將身委聲色。荒淫不得死，無聊弄筆墨。諸顏與黃董生氣盈絹幅。時賢慕絕技，他鄉遂謀食。懷中一寸心，到老無人識。（註二一六）

此詩歷敘汪氏生平事蹟。一開頭即鮮活的勾勒秋澗的特徵，寥寥數筆，秋澗的魁偉與英武已躍然紙上。秋澗遭到毀家之難後，亡命江北，縱情聲色。生計日蹙後，開始學習字畫，書法師承褚遂良與顏眞卿，繪畫師法黃筌與董源。由於畫藝高超，遂賴此絕技謀食，只是一個亡命他鄉的老人，他的內心世界，無人眞正了解。

〈哭王太丹〉

……思君虎墩時，尋君不敢疏，風雨中小艇，霜雪上瘦驢；半月不過君，從來此事無。居人數見者，嘗聞笑我迂。入門乍呼君，君歡動眉須，親爲設床席，命婦烹瓜蔬。……思君未喪時，遺我藥與醽；不留扶弱骨，只憂故人痛。故人即健在，無君安用乎？思君未喪時，同過酒家壚；一甌方在乎，自歎身欲徂。……（註二一七）

王太丹爲嘉紀同里友人，兩人交情匪淺。本詩追憶太丹生前種種，縷述二人交誼，至情流瀉字裡行間。

〈哭琳仙〉

賣汝書，葬汝軀，送汝出南郭，南郭鐘磬音徐徐。野日微，野煙夕，鴉雛昏語促歸客。呼汝呼汝別汝去，伴汝只有道傍樹。

酒是爾知己，沽得一斗來澆爾。對爾我悲悲難言，不知爾悲復何似？魂兮爾且醉，吾暫忍吾淚！（註二一八）

原詩計有六首，上引爲其二、其四。程琳仙客死邗關無賻錢，嘉紀敝褐冒雪，周旋三百里，得以安葬琳仙。此詩悽愴悲痛，眞情流露。

至若嘉紀爲賢母、孝子、義僕寫挽詩，旨在敦風俗、厚人倫，以期有益世道人心也。

【附註】

註　一：《詩集》卷七，頁三七四。

註　二：《詩集》卷六，頁三三二。

註　三：《詩集》頁二一。

註　四：《詩集》卷一，頁八五。

註　五：《詩集》卷十，頁五六四至五六五。
註　六：《詩集》卷四，頁二一四。
註　七：楊積慶：《吳嘉紀詩箋校》卷十五，頁四三九。
註　八：《詩集》卷十，頁五七一。
註　九：《詩集》卷十，頁五七三。
註一〇：楊積慶：《吳嘉紀詩箋校》，卷十五，頁四五三至四五四。
註一一：《詩集》卷七，頁三七七。
註一二：《詩集》卷七，頁三七六。
註一三：《詩集》卷八，頁四五八。
註一四：《詩集》卷八，頁四五九。
註一五：《詩集》卷十一，頁六〇七。
註一六：《詩集》卷六，頁三一八。
註一七：《詩集》卷十一，頁五九四。
註一八：《詩集》卷七，頁三七四。
註一九：《詩集》卷五，頁二八七。
註二〇：《詩集》卷九，頁五〇四。

註二一：《詩集》卷七，頁四二一。
註二二：《詩集》卷八，頁四七四。
註二三：《陋軒詩續》卷上，《詩集》頁七四八。
註二四：楊積慶：《吳嘉紀詩箋校》，卷十五，頁四四三。
註二五：楊積慶：《吳嘉紀詩箋校》，卷十五，頁四六七。
註二六：《詩集》卷一，頁五四。
註二七：《詩集》卷二，頁九一。
註二八：《詩集》卷九，頁五二八。
註二九：《詩集》卷五，頁二八一至二八二。
註三〇：《陋軒詩續》卷下，《詩集》頁七八四至七八五。
註三一：《陋軒詩續》卷上，《詩集》頁七二二。
註三二：《詩集》卷八，頁四六五。
註三三：《詩集》卷二，頁九九至一〇〇。
註三四：《詩集》卷五，頁二八八。
註三五：《詩集》卷四，頁二四〇。
註三六：《詩集》卷三，頁一八六。

註三七：《詩集》卷二，頁一三四。

註三八：《詩集》卷一，頁八〇至八一。

註三九：清廷大肆伐木造艦的情形，陳維崧〈銀杏樹中觀音像歌〉亦有類似描述：「盡搜大木充官料，爭購奇材作戰船。戰船如馬江波沸，排檣列艦粘天際。從此名山少棟梁，至今幽壑無松桂。」，《湖海樓詩藁》卷四，頁十一。

註四〇：卷一二七，頁八至九。

註四一：卷二，頁一六。

註四二：《詩集》卷一，頁八二。

註四三：楊積慶：《吳嘉紀詩箋校》，卷十五，頁四四五。

註四四：《詩集》卷四，頁二四〇。

註四五：師友類，頁三六〇一。

註四六：《詩集》卷六，頁三一九。

註四七：《詩集》卷九，頁五二五。

註四八：卷六戊申，頁一五。

註四九：《詩集》卷十二，頁六五〇至六五一。

註五〇：引自楊積慶：〈關于「陋軒詩選稿本通信」的通信〉，蘇州大學學報，一九八七年，第四期，頁二〇一。

註五一：《詩集》卷一，頁七九至八〇。

註五二：《詩集》卷一，頁七〇至七一。

註五三：《詩集》卷二，頁九一。

註五四：嘉慶《東台縣志》，卷三十八，頁九。

註五五：《詩集》卷五，頁二六四。

註五六：卷三，頁一一八。

註五七：引自錢仲聯：《清詩紀事．明遺民卷》，頁六〇五。

註五八：《詩集》卷九，頁五二四至五二五。

註五九：卷四，頁二一七。

註六〇：《詩集》卷七，頁四二〇。

註六一：《詩集》卷三，頁一六七。

註六二：楊積慶：《吳嘉紀詩箋校》，卷十五，頁四四四。

註六三：《詩集》卷六，頁三三四至三三五。

註六四：楊積慶：《吳嘉紀詩箋校》卷十五，頁四五一。

註六五：嘉慶《東台縣志》，卷二十〈職官〉，頁一九。

註六六：《詩集》卷六，頁三四七。
註六七：《詩集》卷六，頁三三五。
註六八：《詩集》卷四，頁二〇三至二〇四。
註六九：《詩集》卷五，頁二六五。
註七〇：《詩集》卷五，頁二六九。
註七一：《詩集》卷六，頁三四一。
註七二：《詩集》卷十，頁五四八。
註七三：《詩集》卷一，頁七六。
註七四：《溉堂續集》，卷六，頁一〇。
註七五：《詩集》卷一，頁六一。
註七六：《詩集》卷五，頁二八九。
註七八：《詩集》卷五，頁三〇三。
註七九：《詩集》卷六，頁三六九至三七一。
註八〇：《詩集》卷九，頁五〇二。
註八一：《陋軒詩續》卷上，《詩集》頁七五四。
註八二：《詩集》卷十一，頁六二〇。

註八三：《詩集》卷十二，頁六五四。

註八四：《詩集》卷一，頁五五至五六。

註八五：《詩集》卷十二，頁六五四。

註八六：《詩集》卷一，頁七一。

註八七：《詩集》卷二，頁九一。

註八八：《詩集》卷四，頁二五五。

註八九：《詩集》卷一，頁五三。

註九〇：《詩集》卷十，頁五三三至五三四。

註九一：《詩集》卷十，頁五三五。

註九二：《詩集》卷十，頁五三四。

註九三：《詩集》卷十，頁五三八至五三九。

註九四：《詩集》卷五，頁二九二。

註九五：《詩集》卷十三，頁七二五。

註九六：《詩集》卷二，頁九五至九六。

註九七：〈逋鹽錢逃至六灶河作〉之一，《詩集》卷十，頁五三二。

註九八：《詩集》卷六，頁三三八至三三九。

註九九：張謇：《張季子九錄·實業錄》，卷十七，頁九七九。
註一〇〇：《詩集》卷十，頁五六四。
註一〇一：《詩集》卷十，頁五六六。
註一〇二：《詩集》卷十二，頁六八二。
註一〇三：楊積慶：《吳嘉紀詩箋校》，卷十五，頁四五三至四五四。
註一〇四：《詩集》卷二，頁一一一至一一二。
註一〇五：《詩集》卷四，頁二二四至二二五。
註一〇六：《詩集》卷六，頁三三三。
註一〇七：《詩集》卷五，頁二六五。
註一〇八：《詩集》卷五，頁二八二。
註一〇九：《詩集》卷七，頁四〇一。
註一一〇：《詩集》卷九，頁四八四至四八五。
註一一一：《詩集》卷五，頁二七一至二七二。
註一一二：《詩集》卷二，頁一一二至一一三。
註一一三：所引詩句，見《陋軒詩續》卷下，《詩集》頁七九七至七九九。
註一一四：《詩集》卷十，頁五六六至五六七。

註一一五：卷十，頁三〇〇。
註一一六：《詩集》卷十，頁五六八。
註一一七：《詩集》卷二，頁一二八至一二九。康熙《兩淮鹽法志》，亦收錄此詩於卷二十八，頁七一至七四。
註一一八：《詩集》卷三，頁一五一。
註一一九：《詩集》卷五，頁三一二至三一三。
註一二〇：《詩集》卷十，頁五六九至五七〇。
註一二一：《清詩話續編》，臺北：木鐸出版社，卷七，頁八八四。
註一二二：《詩集》卷一，頁五七至五八。
註一二三：《陋軒詩續》卷上，《詩集》頁七二七。
註一二四：《陋軒詩續》卷上，《詩集》頁七五七。
註一二五：《詩集》卷一，頁六八。
註一二六：楊積慶：《吳嘉紀詩箋校》，卷十五，頁四六六。
註一二七：《詩集》卷四，頁二〇四。
註一二八：《詩集》卷二，頁九四至九五。
註一二九：《詩集》卷七，頁四〇六。
註一三〇：《陋軒詩集》，卷一與卷四各有〈送吳仁趾〉同題詩，此處所引爲卷四，頁二二〇。

註一三一：楊積慶：《吳嘉紀詩箋校》，卷十五，頁四六九。〈贈歌者〉詩，原有二首，泰州夏氏藏版二卷僅收一首，疑嫌語有「觸忌」而刪。

註一三二：《詩集》卷九，頁五〇二。

註一三三：楊積慶：《吳嘉紀詩箋校》，附錄五，頁五一一。

註一三四：《詩集》，頁七〇二。

註一三五：《留溪外傳》五，頁二八三。

註一三六：《詩集》卷二，頁一〇〇。

註一三七：卷八，頁九六。

註一三八：易宗夔：《新世說》，〈文學〉，頁一七。

註一三九：楊積慶：《吳嘉紀詩箋校》，卷十五，頁四三七。

註一四〇：楊積慶：《吳嘉紀詩箋校》，卷十五，頁四四六。

註一四一：《詩集》卷十二，頁六九〇。

註一四二：《詩集》卷六，頁三四一。

註一四三：〈十月十九日贈王黃湄二首〉之一，《詩集》卷三，頁一五三。

註一四四：同上。

註一四五：《詩集》卷九，頁五一〇。

註一四六：《詩集》卷四，頁二三五。

註一四七：見汪楙麟〈吳處士墓誌〉，《百尺梧桐閣文集》卷五，頁一四。泰州夏氏藏版《陋軒詩續》前所附汪氏《墓誌》，無此語。

註一四八：〈冬杪自東淘泛舟至廣陵，送汪岸舫北上三首〉之二，《詩集》卷八，頁四七七。

註一四九：《詩集》卷九，頁五一四。

註一五〇：《詩集》卷一，頁三九。

註一五一：《詩集》卷十二，頁六五三。

註一五二：《詩集》卷七，頁四一一。

註一五三：《詩集》卷十，頁五五五。

註一五四：《詩集》卷九，頁五一九。

註一五五：〈滄海故人行，贈吳雨臣〉，《陋軒詩續》卷下，《詩集》頁七八八。

註一五六：〈贈程隱菴〉，《詩集》卷九，頁五一六。

註一五七：《詩集》卷十，頁五五六。

註一五八：引自嘉慶《東台縣志》，卷三十九，〈撰述〉，頁四。

註一五九：《詩集》卷一，頁七〇。

註一六〇：《詩集》卷二，頁一〇六。

註一六一：《詩集》卷三，頁一六三。
註一六二：《詩集》卷五，頁二七八。
註一六三：引自楊積慶：《吳嘉紀詩箋校》，卷一，頁三一。
註一六四：《詩集》卷十，頁五七四。
註一六五：《詩集》卷十，頁五七五。
註一六六：《詩集》卷十四，頁七七六。
註一六七：《詩集》卷四，頁二〇三至二〇四。
註一六八：《詩集》卷三，頁一五二至一五四。
註一六九：《詩集》卷四，頁二〇四至二〇五。
註一七〇：《陋軒詩續》卷下，《詩集》頁七七八。
註一七一：《詩集》卷六，頁三六〇。
註一七二：《詩集》卷六，頁三六四。
註一七三：《詩集》卷五，頁三〇〇至三〇一。
註一七四：《詩集》卷五，頁三〇一。
註一七五：楊積慶：《吳嘉紀詩箋校》，卷十五，頁四五四。
註一七六：《詩集》卷三，頁一七七。

註一七七：《詩集》卷九，頁五一七至五一八。

註一七八：《詩集》卷三，頁一七八。

註一七九：同上。

註一八〇：《詩集》卷三，頁一七九。

註一八一：清王士禎撰，惠棟、金榮注《漁洋精華錄集注》，頁三三〇。

註一八二：卷四，頁三。

註一八三：《詩集》卷五，頁二七七。

註一八四：《詩集》卷九，頁五二九至五三〇。

註一八五：《詩集》卷九，頁五二九。

註一八六：《詩集》卷七，頁四一九。

註一八七：《陋軒詩續》卷下，《詩集》頁七七一。

註一八八：楊積慶：《吳嘉紀詩箋校》，附錄七，頁五四三。

註一八九：《詩集》卷七，頁三八〇。

註一九〇：《詩集》卷八，頁四三六。

註一九一：卷三，庚戌五古，頁一八。

註一九二：《詩集》卷十二，頁六五七。

註一九三：楊積慶：《吳嘉紀詩箋校》，卷十五，頁四七〇。

註一九四：《詩集》卷三，頁一六二。

註一九五：《詩集》卷八，頁四五一至四五二。

註一九六：《詩集》卷三，頁一六九至一七〇。

註一九七：《詩集》卷三，頁一九〇。

註一九八：《詩集》卷四，頁二三六至二三七。

註一九九：《陋軒詩續》卷下，《詩集》頁七七四。

註二〇〇：楊積慶：《吳嘉紀詩箋校》，卷十五，頁四三七。

註二〇一：《詩集》卷九，頁四八七。

註二〇二：楊積慶：《吳嘉紀詩箋校》，卷十五，頁四六三。

註二〇三：《詩集》卷七，頁四〇九。

註二〇四：《詩集》卷十一，頁六二四至六二五。

註二〇五：《詩集》卷一，頁八三。

註二〇六：《詩集》卷八，頁四六三至四六四。

註二〇七：《詩集》卷二，頁一四二至一四三。

註二〇八：《詩集》卷七，頁三九七至三九八。

註二〇九：《詩集》卷六，頁三三八至三四〇。
註二一〇：《詩集》卷七，頁三九六。
註二一一：《詩集》卷十一，頁六一七。
註二一二：《詩集》卷十一，頁六一九至六二〇。
註二一三：《詩集》卷十一，頁六〇二。
註二一四：《詩集》卷六，頁三四九至三五〇。
註二一五：楊積慶：《吳嘉紀詩箋校》，卷十五，頁四四二。
註二一六：《詩集》卷一，頁七五。
註二一七：《詩集》卷十三，頁七四二至七四三。
註二一八：《詩集》卷十四，頁七六五至七六六。

第六章　吳嘉紀的詩歌藝術

第一節　詩歌風格

詩人風格之形成，與其精神面貌、創作態度、文字技巧息息相關，尤其取決於所處的時代背景與社會環境。

吳嘉紀沒有論詩專著，由其詩作披沙揀金，仔細尋繹，有以下數則可資探研：

〈與仔靖弟〉之三

時俗攻文藝，腐氣銷清眞。悠悠三百年，章句困殺人。（註一）

〈二月九日詩三首，與徐式家〉之三

時俗尚辭華，結交亦相須。（註二）

〈贈別李艾山〉之二

哀樂不能已，寄情詩與歌。時俗昧其本，紛紛競詞華，盛極詩乃亡，徒爾如鳴蛙。江河流滾滾，何繇挽逝波？醇意謝糟粕，高文唱岩阿，黽勉扶正始，如君良足多。（註三）

以上所引，既是酬贈詩，亦是論詩詩。嘉紀主張，創作本乎「清眞」，出於情性，不假僞飾。騁詞競采，徒逞才氣，反使詩歌走向末路窮途。詩爲心聲，用以表達哀樂，眞醇自然，才不致言情相背。否則，矯揉造作，纖巧綺靡，就只見滿紙糟粕，而不見「清眞」之音了。〈七夕同諸子集禪智寺碩公房，再送王阮亭先生〉詩，其二有云「江山重文章，斯道跡久熄。出處雖不同，吾曹各努力」（註四），又〈贈陸懸圃〉云「李杜韓蘇後，吾曹氣頗雄。何心冀名世，哀怨寫心胸。」（註五）再再表明了努力創作，以振興風雅自我期許的態度。〈望君來〉之二云：「不有杜詩，誰與說胸臆？」（註六），嘉紀意欲仿效少陵，以「詩史」之筆，反映民生疾苦。〈王阮亭先生遠寄陋軒詩序及紀年詩集，賦謝〉詩，末兩句云：「媿非郊島，陪從昌黎」（註七），借用韓愈提挈郊島的故實，感謝漁洋延譽之恩。〈田綸霞先生見示方園雜詩，次韻奉答〉之四：「窗下羲皇客，案頭韓杜詩」（註八）案頭置有韓、杜詩，在窗下做羲皇上人，這是嘉紀嚮往的悠遊境界。〈哭琳仙〉之六：「只寫江南山，換酒慰朝飢。昨夜酒盡月滿室，自愧年過李長吉。」（註九）李賀以精魂寫詩，嘉紀自愧年已過之，而無其成就。杜甫，抑鬱失意，仕途舛錯，多憤世疾苦之作。韓愈，忠鯁有節，不隨流俗，以文入詩，奇崛險怪。孟郊、賈島、李賀，遭際偃蹇，與世乖忤，悲自身之潦倒，痛人間之不平，多寫窮愁、民困，同爲中唐苦吟詩人。

嘉紀身經喪亂，一生窮愁坎坷，際遇與上述諸人相似，潛意識裡受他們影響，作品自然有他們的影子。不過嘉紀的悲阨困悴爲歷來詩人所少有，宿疾纏身、親族罹難、產業破敗，再加兵禍連結、苛政虐民、天災頻仍，時時生活於危疑驚懼中，並飽嚐飢寒之苦。這些殘酷的現實，反映到詩裡，自然是凄苦灰冷的色調，沉痛處較前人更爲激切，辛辣處亦較前人更爲嚴峻。

一、孤峭嚴冷，風骨瘦硬

吳嘉紀遭逢喪亂，羸瘠多病，又不善營生。飽受凍餒之餘，其詩多悲愁凄苦之語，非僅自鳴不幸，又爲長期生活於低層社會的飢困小民抱不平！

〈吳介茲復汪舟次書〉云：

> 讀吳野人詩，想見此老彳亍東淘，空牆落日，攢眉索句，路人作鬼聲唧唧揶揄時。……展此老詩竟卷，如入冰雪窖中，使人冷畏。」（註一〇）

王士禛序〈陋軒詩〉云：「君白首藜藿，戢影海濱，作爲詩歌，託寄蕭遠。」又評其詩曰：「古澹高寒，有聲出金石之樂，殆郊島者流。」（註一一）吳嘉紀胸懷悲憫，並具人道主義的襟抱，反對剝削與壓迫，以冷峻之態度，揭露黑暗，抨擊暴政，因而形成幽峭痛鬱的詩風。王氏另在《分甘餘話》評吳詩有「寒瘦本色」，並說「其詩孤冷，亦自成一家」。（註一二）

嘉紀寒瘦的詩風，與其遭遇有關，而與其孤高的個性亦密不可分。他的好友汪虛中就說：「野人性嚴冷，窮餓自甘，不與得意人往還；所爲詩古瘦蒼峻，如其性情。」（註一三）汪楫對他也有如是的評語：「崚嶒冰雪骨，對之冷冷清；諷詠見哀怨，取舍無逢迎。」（註一四）

試看他爲飢寒所困，發出的悲鳴：

洶上老人心悽悽，無衣歲暮嬌兒啼。多年敗絮踏已盡，滿床骨肉賤如泥。（郝羽吉寄宛陵棉布）凶年雜寒至，殘秋貧愈悽。嬌兒夜中冷，抱我肩臂啼。老妻愛痴臥，晏起常日低。至此亦不眠，坐床至鳴雞。滿屋風冷冷，孤燈虫淒淒。世上寒與飢，玆夜已到齊。（秋懷）

再看看他描繪災後及戰後蕭索荒涼的景象：

水涸原野高，衰草蕭蕭白。天心凶歲忍，我室多艱阸。養生急饔餐，救死缺藥石。淚迸老妻啼，病勢嬌兒劇。出門自悵悵，入門仍脈脈。（歸里與胡右明之二）

鍾阜雲何似？吳陵客重來。松杉焚已盡，鸛鶴暮空回。特特高原立，頻頻倦眼開；東風吹不歇，草色出寒灰。（泊船觀音門十首之三）

再看徭役、賦稅帶給百姓的淒苦：

水上飢寒銷赤子，淮南井邑貯黃河。轉輸久廢公家藏，勞苦常聞役者歌。今日隄成明日潰，空令藿食淚滂沱。（送喬孚五北上）

隴無荷鋤人，路有催租馬。白骨委塵埃，盡是逋賦者。皮肉飼饑鳶，居室餘敗瓦。哀哀鵂鶹啼，汩汩溪流瀉。我歸齒髮暮，方歎生計寡。鄉黨復遘患，倚徙淚盈把。（歸東洶答汪三韓過訪五首之一）

以上所引文字，哀怨淒清，悲愴幽咽，讀之寒徹心脾。汪楙麟說他「工爲嚴冷危苦之詞，所撰今樂府，尤淒急幽奧」（註一五），孫枝蔚說：「野翁詩數卷，氣與冰雪同」（註一六）夏荃也說他「孤峭嚴冷似賈孟」（註一七）。

至於像「亦復骯髒就長夜，腥煙血燐燒枯野。朧朧月落靈鼉鳴，魍魅咽喉一時啞。」（題方嘉客撾鼓遺像）「里右荒丘枯白楊，枝上妖禽啼夜霜。魚鹽死客子，骸骼寄他鄉。」（送瑤兒）這類文字，更是悽厲陰森，令人驚悚，有如幽僻多鬼氣的李賀詩。

二、悲諧相生，諷刺辛辣

境愈窮，詩愈工。嘉紀抒情越悲苦，措詞越精妙，常有出人意表者。

世局動盪，人命危淺，個人的不幸與時代的不幸糾纏在一起，讓人有無可如何的感覺。當命運支配人生，掙脫不得時，常會從愁苦中迸發出苦澀的幽默，所謂「作者呑聲，讀者失笑」是也。嘉紀詩歌中，常出現這種悲諧相濟、詼詭互生的意境。如：

甑上澤蛙躍，床前秋蘚肥。無金可糴米，病腸幸不饑。（逋鹽錢逃至六灶河作之六）

薄命憂患多，悲歌天地小。攄懷若嘯虎，轉眼成飢鳥。（贈別李艾山）

土田喜贈人，宅舍時棄捐。無處不榛艾，有鄰皆烏鳶。一二舊主人，爲人方種田。（遠村吟）

先生昔日富田園，座中食客比平原。先生今日顛毛白，門戶蕭條無過客。……不知囊底久如洗，逢人只欲贈金錢。（贈戴酒民）

丈夫未得志，庸愚競相嗤。不能一刻耐，拔劍去天涯。……戰伐尚未息，善自調渴飢。戰伐尚

既息，當無負鬚眉。（送友人）

人生在世，求溫飽、求田舍、求名位，均有無限煎熬，而窮通、得失、貧富的互動，常激發人生的感喟。嘉紀於悲慨中隱含著諧趣，以對比的落差，產生強烈的刺激，以達到諷喻的目的。又如：

何須訪訊戴安道，卻笑寒酸孟浩然。俗人遊熱爾遊冷，如此繁華劇可憐！（看雪行，贈揚州少年）

裄無衣裳甒無餐，空腸瘦骨當狂瀾，何時有暇愁飢寒？（隄決詩之三）

百年各有盡，勞者身先朽。吾妹是窮民，何嘗願老壽？（哭妹之一）

灑然蹤跡遠風塵，苔巷茅檐自在貧。不使姓名傳市井，肯將皮相媚時人！（明毅先生）

鼠老語兒孫，莫厭主無食。西家倉廩肥，風波多不測。（偶述之二）

南鄰種豆翁，中夜不能逸；白髮與豆苗，天明一齊出。（偶述之三）

長期的生活艱困，使嘉紀悲情鬱積，感憤中藏，笑言諧語的背後，往往是揭穿世態表象的徹悟，是嚴肅的、凝重的。林昌彝《海天琴思錄》云：「吳野人詩多辣」（註一八），洪亮吉《更生齋詩》亦云野人有「薑桂氣」（註一九），薑桂喻辛辣也。嘉紀常藉著跳蕩的激情，來深化主題。如〈看雪行，贈揚州少年〉「一時齊披銀鼠襖」，〈朝雨下〉「座中輕薄已披裘」，以紈絝闊少炫富抖闊，來表達對朱門酒肉的激憤；又如〈臨場歌〉「笞撻未歇，優人喧闐」、「堂上高會，門前賣子」，語中飽含怨怒，尖銳的抨擊貪官殘民以逞，筆觸犀利老辣。

三、樸質真率，不假雕飾

吳嘉紀性情渾樸，不巧言作僞，所寫詩歌以白描、眞摯取勝。白描非率爾爲之，而是眞切直言，將衝撞於胸臆的感情直接流瀉，不假虛飾。

嘉紀具悲天憫人的胸懷，及深邃銳利的觀察，與下層勞苦群衆長期接觸，對他們寄予深厚的同情，而以朴素明白的語言，反映他們的心聲。對於個人的身世，親友的遭遇，他也以眞率的筆調，淋漓暢快的表達。

頻年多雨鹽難煮，寒宿草中饑食土；壯者流離棄故鄉，灰場蒿滿池無鹵。（風潮行）

白頭灶户低草房，六月煎鹽烈火旁。走出門前炎日裡，偷閑一刻是乘涼。（絕句）

鹽貴賈驩甚，索鹽不索錢。黽勉更東去，牽船買鹵還。（逋鹽錢逃至六灶河作之四）

破屋暮寒生，秋霖不肯晴。借糧鄰老厭，衣葛里人驚。（秋霖）

風集木，聲益烈，吹下皚皚一天雪。痴兒對雪舞且悦，那知煙火來日廚頭絕！（去歲行）

吏胥昨夜去村西，屋中剩粟如塵泥。呼兒握粟去易布，商賈飽眼皆不顧。（剩粟行）

吳詩質樸無華，不尚雕飾。沈德潛《清詩別裁》謂其詩：「以性情勝，不須典實，而胸無渣滓，語語眞樸，而越見空靈。」（註二〇）嘉紀眞率樸拙，詩如其人。其詩看似平淡，實則消盡渣滓，純是清眞蘊藉，所謂越見空靈是也。延君壽《老生常談》引嘉紀〈送淼公〉一詩：

人顏何可向，久矣勸師行。短杖又無定，斜陽皆有情。從今尋一寺，應不負餘生。古渡暮分手，蘆花秋水明。

評曰：「此種詩當賞之於聲色臭味之外，食人間煙火者，非但不能為，亦不能解其妙也。」（註二一）

林昌彝《海天琴思錄》謂嘉紀：「所為詩老辣嚴畏，有薑桂之氣，然出於天籟，不待作為。」並引〈送公調歸白門〉云：

斷岸蘆花下，是君明月舟。清溪秋水前，是予明日愁。明日果愁別，無計暫淹留。憶昔麗媛篇，酬唱兩不休。半榻雨風聚，一月性情謀。詎意海風惡，令君懷故樓。故樓淮水上，秋色正清幽。江長風械械，月冷雁啾啾。兩槳棹其中，歸人復何求？獨有同懷友，寂寥海上洲。

評曰：「此詩非天籟乎？」又引〈待王太丹〉云：

夜坐天寂然，無數啼鴻過。睞聽豈不幽，益覺孤我坐。風燈滅一半，草牖寒將大。遠夢不復尋，展榻期君臥。

評曰：「此詩肯著一字乎？」（註二二）所謂「天籟」、「不著一字」，即是純任性情，不待矯飾。潘德輿〈養一齋詩話〉云：「其詩字字入人心腑，殆天地元氣所結。」（註二三）是也。

四、繪景新奇，鮮活逼肖

吳嘉紀觀察敏銳，善長捕捉突出的畫面，透過形象化的語言，繪影繪聲，予人親睹、親聞、親臨的感覺。

如描繪水患：

朝雨下，田中水深沒夫稼，饑禽聒聒啼桑柘。（朝雨下）

茆屋飛翻風捲去，男婦哭泣無棲處；潮頭驟到似山摧，牽兒負女驚尋路。（風潮行）

東舍西鄰白泱泱，蝦蟆入門坐蘋上。（隄決詩之二）

浮來草屋如浮萍，蟋蟀啾啾屋脊鳴。（隄決詩之三）

今年天漏夏日冷，黃魚黑鱉戲樹頂。（隄決詩之九）

昨夜河漲太無賴，狂瀾竟從衡門入；架木作巢茆屋中，一家人共雞犬集。（與汪伯光二首之二）

如描繪窮餓：

小兒如哀猿，饑臥喚爺娘。俯仰生死際，夜夜淚千行。（傷哉行）

弱膚受風霜，鬅髮叢蟣蝨，憊極走還歸，持抱生母泣。（辛亥孟夏二十八日，三兄嘉經歸葬東淘）

野貍黠鼠恣來往，青天色冷接床席。妻子常驚瓦礫聲，勸吾修葺苦逼迫。（破屋詩）

白髮病夫鐺火絕，蒼苔頹屋野火圍。樽罍誰給三升醞？妻子同懸百結衣。（新寒）

今夜燈前炊一斗，明夜床頭餘半缶，朔風依舊吹兩肘。（剩粟行）

嘉紀眼力犀利，有如攝影機的鏡頭，長于獵取特殊的一瞥，而就此一瞥投射在詩句中，即成鮮明生動的景象。

嘉紀寫景，還有一個特色，就是將靜態的景物，出之以動，自然傳神，妙入情理，有動態的美感。如：

海氣荒涼門有燕，谿光搖蕩屋如舟。（內人生日）

淮水渾無岸，秋天半入湖。（晚發甓社湖）

溪光浮佛舍，塔影壓漁船。（晏谿送汪虛中，兼懷吳後莊）

驟雨催堤決，奔雷向海驅。（六月十一日水中作）

半空落日如沈水，幾片寒雲欲入門。（過懶雲齋看梅，主人因留茗酌，同鴻寶、麗祖賦）

炊煙煮新雨，難止痴兒哭。（遠村即事）

帶夢啓柴扉，落月滿肩背。（冬日田家）

聞雷筍出泥，山泉煎欲熟。（吳蒼遠過野竹居）

況有几上梅，可以三更坐，短禿四五枝，影我半窗火。（庚寅除夕）

右列引文，其旁畫·者，皆屬以動象描摹景物，似出奇想，卻又清雋貼實，予人異樣生動的感覺。

嘉紀繪景生動，狀物亦十分逼肖，非但有佳句，亦有佳篇。試看〈捉魚行〉：

茭草青青野水明，小船滿載鸕鷀行。鸕鷀斂翼欲下水，只待漁翁口裡聲。船頭一聲魚魄散，啞啞齊下波光亂。中有雄者逢大魚，呑卻一半餘一半。驚起湖心三尺鱗，幾雄爭搏能各伸。煙波水飛天地黑，須臾擘出秋湖濱。小魚潛藏恨無穴，雌者一一從容啜。漁翁舉篙引上船，倒出喉

中片片雪。雌雄依舊腸腹空，盡將美利讓漁翁。回看出沒爭奇處，腥氣空留碧浪中。（註二四）

全詩寫得情景躍然，神態畢現，結句尤留有不盡之意。

五、寫情細膩，氣韻生動

在體現人的內心感情上，嘉紀也善于透過外在神情風貌的摹寫，以言語舉止刻劃心理活動，使複雜、衝突的心緒，隱然呈現。

如〈卒歲〉一詩：

> 卒歲苦貧儉，欲貸人饔餐，雞鳴溪未曙，先擬懷中言。了了多所謀，出户思忽繁。此際慙已甚，況乃入其門。主人舊知我，一見酒滿尊。誰能背妻子，就茲飽與溫？婉轉辭杯斝，懷欲吐復吞。唯恐主人厭，舊好翻不敦。不如風雪天，歸去眠高軒。且樂十日餓，不受一人恩。（註二五）

一年將盡，甕中已無儲米，只好去向人借貸。一大早，天還未亮，肚子裡想說的話，已先擬好了腹稿。可是出門之際，心裡忽然煩亂了起來，此時已羞慚不止，如何跨進人家的門檻？主人一看是舊識，立即斟上滿杯的酒。但是誰能背著妻子，獨享溫飽呢？婉轉推辭了主人的好意，原先擬好的話，此刻吞吞吐吐，不知從何說起？想來想去，恐怕招來主人的厭惡，使得原有交情產生嫌隙，不如在大風雪天，回去高臥，寧可忍受十日的飢餓，不願輕受他人的恩德。

一路寫來，詩人囁嚅將言而不敢言的情景，彷彿就在眼前。而其內心繁複、迂曲的轉折，或借側寫、或寓設問來表達，道盡了天寒歲暮，一個窮書生的悲嘆與骨格。

在長篇敘事詩中，嘉紀常以場景的鋪寫，情節的轉接，隱伏事件發展的線索，中間藉著衝突、糾葛，掀起高潮，而這一切賴以貫串的就是人內心的活動與變換。如〈江都池烈女詩〉敘述吳廷望從軍南征，未婚妻在家等候，以「三月轉盼盡，征戰返無期。無端夢沙場，血污泣遊魂」，表示池女焦慮企盼的心情；而不幸夢境成眞，姨孃居然要她改嫁，以「姨孃是尊長，出言何不莊？令人亂匹配，人生豈牛羊？」，表達心中的不滿；最後池女自縊而死，死時的裝扮是：「問女首何飾？夫家聘時簪。聘時更何物？玲瓏雙耳環。女意何所嚮？面南身徘徊。巾帶微飄揚，如上望夫亭。」（註二六）死時穿戴著夫家下聘時的首飾，以表明「生是夫家人，死是夫家鬼」的心意。

如寫景一般，嘉紀觀察細緻入微，善于抓住生動傳神的動作，畫龍點睛的來突顯內心深處的哀樂。如〈內人生日〉：「潦倒丘園二十秋，親炊葵藿慰余愁。絕無暇日臨青鏡，頻過凶年到白頭。」眼見二十年來，操持家務，蓬頭麤服的糟糠婦（註二七），嘉紀以「絕無暇日臨青鏡」，來表達心中的憐惜與不忍。「不能沽酒持相祝，依舊歸來向爾謀」，碰上妻子生日，連買酒慶賀的錢都沒有，只好兩手空空回來，帶著滿懷的歉意，跟妻子商量商量怎麼過生日？《清詩別裁》論此詩：「語全不及情，而情自无限。」（註二八）

又如〈流民船〉之二：「歲儉竊盜多，村村見船怒。男人坐守船，呼婦行乞去……嬌兒置夫膝，臨行復就乳。」年歲荒歉，盜賊蠭起，各處村落對男人都懷有戒心，只好遣婦人前去行乞。婦人臨行前，牽掛著幼小的嬌兒，怕他餓著了，還再次的餵乳。無限的母愛，在這樣一個尋常的動作中流露無遺。

《陋軒詩》中，籠罩著的都是陰冷灰黯的色彩，難得有一首歡愉喜悅的詩，〈賦得對鏡，贈汪琨隨新婚〉之二：「洞房深處絕氛埃，一朵芙蓉冉冉開；顧盼忽驚成並蒂，郎君背後覷儂來。」（註二九）洞房花燭夜，新娘對鏡展顏，有如一朵冉冉綻放的芙蓉；顧盼中忽然驚覺鏡中有兩個人影，原來新郎在背後，從鏡中偷窺她！「覷」之一字用得妙，新娘嬌憨可愛的神情畢現，隱約中彷彿還聽到她的嗔怪聲！

第二節　詩歌技巧

一、體製句式

吳嘉紀的詩歌體裁，以樂府歌行最爲突出。尤其以「行」名篇諸作，多指陳事實，反映民生，最爲可觀。

《詩集》中，以「行」命題者，有〈義鸛行〉、〈風潮行〉、〈翁屐冰行〉、〈淒風行〉、〈江邊行〉、〈鄰翁行〉、〈看雪行，贈揚州少年〉、〈鄰家僕婦行〉、〈難婦行〉、〈東家行〉、〈善哉行〉、〈客中行二首，呈關中王季鴻〉、〈傷哉行〉、〈范公堤行，呈汪苪斯先生〉、〈傅谿孤子行追挽徐鏡如處士〉、〈堤上行〉、〈挽船行〉、〈枘臺老人行，贈徐仁長〉、〈采葑行〉、〈垂釣行，答鄭絳州〉、〈撫遺腹孤子行三首，贈夏節婦〉、〈嗟哉行，贈錢烈士〉、〈賣硯行〉、〈去歲行〉、〈捉魚行〉、〈憶昔行，贈門人吳麐〉、〈風號呼行〉、〈剩粟行〉、〈過兵行〉等篇。以上篇什，皆隨所遇之人、事、物，觸發憂禍亂、悲民生、憫時艱、懷遠道之感情，因遇得題，因題抒情，非僅幽居斗室，自憐自哀之作。此一部分為吳嘉紀詩歌中，最具份量之作品。

以「歌」名篇者，有〈七歌〉、〈臨場歌〉、〈碾傭歌〉、〈秣陵酒徒歌，贈吳介茲〉、〈勸酒歌二首，為汪季璨〉、〈松蘿茶歌〉、〈池蓮歌〉、〈挽歌，為何去驕賦〉、〈勸酒歌，贈喬功偕〉、〈篆隸印章歌，贈何龍若〉、〈音隱歌，贈俞錦泉〉、〈程寡婦歌〉、〈短歌，為豐溪吳節婦賦〉、〈琴歌，贈周生〉、〈後七歌〉等篇。以上諸篇，多敘見聞、記問答，或藉題發揮人生觀；其中除〈臨場歌〉、前後〈七歌〉外，氣勢要較以「行」各篇諸作為弱。

此外，尚有以「詞」名篇者，如〈嘉樹詞〉、〈鵞來詞〉、〈乞藥詞〉、〈周急詞〉、〈受侮詞〉、〈贈櫬詞〉、〈車笠詞，贈江左嚴〉、〈汎舟詞〉等，又有〈船中曲〉、〈隄上謠〉、〈灣港謠〉等具民歌色彩之特殊體裁。

嘉紀詩集中，另有多篇敘事長詩，為他人詩集所罕見。蓋我國詩人多長於抒情，略於敘事。集中，如〈梅女詩〉敘梅翁之女嫁與浪蕩子，最後自縊而死的悲劇，全詩有七十四句之長；〈王解子夫婦〉，描寫甘為他人替罪充軍的義士妻子，詩長六十九句；〈李家孃〉，寫不甘受辱而慘遭裂尸的婦人，詩共十解，六十四句；〈江都池烈女〉，記從一而終，不肯改嫁的烈女，詩長六十二句；〈祖姑詩〉，詠其六世祖姑事母不嫁的孝行，詩長五十六句。

嘉紀詩歌體式，尚有另一特色，即某些詩篇的詩題或詩序甚長。如卷七〈歸舊居後，洪水復至，步屧不得出戶，踽踽連句。九月十七日，徐仁長、沈亦季、程雲家、仰歧、王于蕃攜酒饌來訪柴門，邀同泛舟，至梁垛，夜深宿清暉堂〉詩，詩題長六十字；卷九〈鄰人盧愼，年七十，無子，親戚亦寥寥也。夫婦止樹下，蒔掇自給。慮歲晚霜露欺人，困餒不免，愼扣門語我以懷，作詩慰之〉，題長四十六字；卷十一〈戴岳子載白岳之石來遊海濱，自題曰石桴。桴止東淘，復適河阜，與之晨夕既多，褰裳臨流。於其行也，贈以言〉，題長四十二字。而卷九〈挽歌爲何去驕賦〉，有序云：「憶昨客邗止，寒夜同汪賡言、張幼蔣、汪舟次、何山公飮何去驕別墅……」，序長一百九十五字；卷三〈姪女割股詩〉，序云：「姪女名長，仲兄嘉紳女也……」，序長一百五十三字；卷七〈汪節婦詩〉，序云：「節婦姓張名啓，汪汝萃妻，萃死無子，兄汝蕃以子楫嗣之……」，序長一百四十九字。至於〈樊村紀遊〉一詩，詩僅五十六字，而序長二百二十六字，宛如一篇小品文，更屬突出。

吳嘉紀的詩歌，多採平仄、用韻、語法較無拘束的古體，而較少用近體。在句式上，固然整齊的五言、七言最多，但也可以由一、二言的壓縮，拉長至九、十言、十一言，甚至十三言的自由揮灑。如卷七〈贈方生詩四首〉之二〈周急詞〉，有句云：「天雨天雪謂親交：來，予錢！」，爲一、二言；又如卷十〈李家孃〉「新城舊城內有幾人活？」，爲九言；卷一〈江邊行〉「君不見揚州戰船六百隻」，爲十言；賴古堂本收錄的〈風號呼行〉「我家稚子力弱身短不能前」，爲十一言；卷十〈嗟老翁〉「龐眉皓髮紛紛乘車騎馬別松關」，爲十三言。

吳詩中，無純粹的三言體，然三、五、七言錯雜的雜言體甚多，如卷五〈堤上行〉「岸旁婦，如花枝」，「高低田沒盡，橫流始歸海」，「官長見田不見湖，搖手不減今年租」。純粹的四言詩，如卷一〈翁履冰行〉、〈菖蒲詩〉，卷三〈題孫豹人撫琴圖〉、〈題振衣千仞岡圖，爲郝羽吉〉、〈題汪長玉舟中獨酌圖〉、〈題汪舟次雲山圖〉、〈題程飛濤獨坐抱琴圖〉皆是。四、五、七雜言詩，如〈淒風行〉「迴望東鄰，八口閉柴扉，扉外青草春芊芊」。甚至六言、八言的偶數句都曾出現過，如〈嗟老翁〉「歌鳴鳴兮酒伴，色愴愴兮漁船」，爲六言；〈李家孃〉「俾觀者觳觫若牛羊」，爲八言。可見吳嘉紀在句式上，是長短隨意，散整不拘。

二、白話口語

葉落難上樹，人老不再少。（送吳後莊歸灣沚）

野鴨銜水飛，小兒拍手笑。（船中曲）

寡婦撥船來，回頭老鸛叫。（船中曲）

旗子插船頭，客人坐安穩。（船中曲）

致汝登途屢回頭，攜手侶伴少兩個。（送汪三楫遊攝山）

一從別家人，頭髮都不黑。（劉別王黃湄）

照户星一個，咽露蟲幾聲。（秋夜）

户外不交人一個，園中惟種竹千竿。（題項楚生幽居）

鴨毛滿蹊舊狗死，籬菊自放霜中花。（我昔五首，效袁景文之四）

老夫笑與汪大說，君之生日是二月。（汪大生日）

今宵容易睡，一枕不須高。（程飛濤送苦蒿酒）

側水如矢，直到堤邊。（隄上謠）

野煙入河河水黑，來船去船樹根繫。（青萍港）

亂後故園蕪，客中兒子小。（贈吳景尼三首）

燕子來紅樹，鵝兒戲白沙。（送方菘中、中野昆季之西泠）

小童荷鋤立，看我著笠蓑。（雨中栽菊）

船姥憐阿女，坐船招女婿。（船中曲）

儂是船中生，郎是船中長。（船中曲）

儂聽提督差，官兵敢來近。（船中曲）

郎刺船，儂夜炊。（灣港謠）

顧盼忽驚成並蒂，郎君背後覷儂來！（賦得對鏡，贈汪琨隨新婚）

風吹荷葉捲，得使儂見蓮。（池蓮歌）

水聲斷肝腸，登高望儂村。（隄上謠）

吳嘉紀常用白描的手法，駕馭通俗的語言，輕快流暢，具民歌色彩。俚語、俗語、土語皆可採而入詩，明白如話，淺近切直，與名公巨卿雅正的用語迴異。不過有時用的淺露率易，不免是一病。

三、比　興

雄雉匿深莽，不知毛羽鮮。君子在草野，幾人識其賢？（送王季鴻之西泠）

謳者妙顏我髮禿，宛如桃杏繞古柏。（音隱歌，贈俞錦泉）

斷梗不怨風，浮萍不思土。（船中曲）

洞房深處絕氛埃，一朵芙蓉冉冉開。（賦得對鏡，贈汪琨隨新婚）

鶖鶬天上鳴嗷嗷，歎息汝祖非其曹，不得銜汝出波濤！（堤決詩之五）

蟋蟀無宇託，愁音遍野田。（逋鹽錢逃至六灶河作之四）

氣臭行若飛，俗呼曰鼈蝨……齧人膏血飽，伺夜昏黑出。（逋鹽錢逃至六灶河作之十一）

其奴喫灶户，牙爪虎不異。（逋鹽錢逃至六灶河作之二）

渚邊獨有鴐鶩懶，只是貪眠不好飛。（贈王予蕃新婚）

去年夏秋雨澤絕，嘉禾枯似翁媼髮。（隄決詩）

我昔兵過獨還家，畦上髑髏多似瓜。（我昔五首，效袁景文之四）

小舍煎鹽火燄舉，鹵水沸騰煙莽莽。斯人身體亦猶人，何異雞鶩鬵中煮。（望君來）

「無譬不成文」，古人常借鳥獸草木比譬，取喻淺近，而所指深遠。如上舉，以羽毛光鮮的雄雉，比喻才德兼備的君子，以鴛鴦比喻新婚的夫妻；以老虎的爪牙比喻貪官的走狗；以老媼的頭髮比喻枯禾；以芙蓉比喻貌美的新娘；以斷梗、浮萍，比喻不戀本土。有的是明比，有的是暗喻。比興，常使人引發聯想，產生暗示或象徵的效果。如陷身波濤時，看到天上的飛鳥，就想到自己不能像鳥兒般把孫子銜出波濤，此一比興，馳騁想像，境界極爲高妙，與陶潛「望雲慚高鳥」，有異曲同功之妙。又如想到敲骨剝髓的鹽賈票商，就想到吸人膏血的蟹蝨，以惡虫臭物來比喻嫌惡之人，就像《魏風》以碩鼠比喻貪殘的統治者。又如在狹小低矮的草房中煎鹽，鹵水沸騰，煙霧蒸鬱，鹽民置身其中，就像在釜鬵中蒸煮的雞鶩。這種由彼事彼物而聯想到此事此物的手法，使文意含蓄婉曲，留不盡之味。

四、擬　人

爲我寄語六朝松，老幹無恙眞足賀。（送汪二楫遊攝山）

孤花挺窮秋，天地何寂寥！（重陽後二日案贈汪三韓）

忽歎頻年多寂寞，花時又見主人回。（歸後贈菊）

居處絕車馬，籬菊爲我客。（哭妻王氏之八）

花中高士君不愧，不卑不媚難爲鄰。（題壁上畫菊）

爾倚寒風吾倚酒，老來顏色一般紅。（醉詠雁來紅）

不知燈火前，看白幾人首？（吳搢公惠硯）

帆前鴈雛喚侶伴，掌大雪片飛江湖。（秣陵酒徒歌，贈吳介茲）

碧荇親愁思，浮萍笑老顏。（六月十一日水中作）

寒芳嫌俗物，之子不妨來。（移菊復歸陋軒，喜戴兵子過訪）

海榴開罷山梔放，獨有庭花不厭貧。（鄰人盧愼，年七十，無子……作詩慰之）

凶歲形容魚鱉笑，人生怨殺有兒孫！（鄰人盧愼，年七十，無子……作詩慰之）

田間稼悅荷鋤叟，江上花迎負米人。（送新安程文中之江右）

東籬花盡發，只爲主人歸。（東淘九日）

梅花當故人，終日坐相對。（客少）

幸生秦以後，不辱此巖阿。（六朝松）

吳嘉紀觀察敏銳，又喜愛花鳥草木，不論動物、植物，甚或沒有生命的東西，都賦予人的性格、思維，人能與物相通，物亦能示語於人。如上引六朝松、籬菊、雁來紅、浮萍、江花都能與人相親，他將自己融入「物」中，所以可以把梅花當故人，終日坐對；他也可以站在「物」的角度看人，所以感受到菊花又看到主人歸來。鴈雛喚侶，魚鱉笑人，都透露著他細膩易感的心思，連硬綁綁的硯台，他也覺得是在燈火前，冷眼看世人。這種擬人的手法，借物抒情，表達了他的諷諭之意。

五、對比

城中人血流，營中日歌舞。（挽饒白眉母）

走出門前炎日裡，偷閒一刻是乘涼。（絕句）

絕無暇日臨青鏡，頻過凶年到白頭。（內人生日）

寧爲野田蒡，不爲城中婦。（難婦行）

吾家衣食足，若輩愁餓死。（糧船婦）

家貧多早死，吾姊不幸壽。（大姊沒百日矣，詩以哭之）

今日被華衮，昨日把釣竿。（逋鹽錢逃至六灶河作之十四）

志氣誠清虛，受禍則腸腹。（呈四兄賓國）

攄懷若嘯虎，轉眼成飢鳥。（贈別李艾山之三）

繇來醒者多智慮，勸翁一醉安性靈。（勸酒歌，贈喬功偕）

囊滿里胥行，室裡饑人在。（冬日田家）

寒城天欲暮，方是主翁晨。（河下）

窮檐有明月，冷照無衣民。安得如爾輩，金錢買陽春？（河下）

人生在世，貧富、窮通、苦樂，都是鮮明尖銳的對比，在詩句中，將彼此牴牾的現象，對列、映襯，常可造成強烈的感染力。吳嘉紀一生潦倒，看透世情炎涼，表現於詩中的對比，更是震撼人心。

六、設問

極目何所見？但有流民船。（流民船之一）

飄泊誰知我？饑寒易此身。（渡江）

逃名有底用？崇德亦徒爲！（挽楊集之）

款扉誰問訊？禽鳥識樵漁。（自題陋軒）

不羈全似我，何地可容君？（懷徐鳳祖）

海岸淒涼又落暉，出門何處覓相知？（自城中歸東淘，哭袁姊丈）

伴無故舊囊無錢，此去前途欲誰傍？（鄰翁行）

豈無所生兒？他山遠拾橡。（吾親）

東鄰笑爾懸鶉子，借問繁華似昔無？（吳仁趾復移家來廣陵二首之一）

文采成饑寒，盛名有何益？（鳳凰台訪錢湘靈贈詩二首）

疾病自宜無酒日，飄零誰是授衣朋？（揚州九日）

黃河清幾時？人命倏朝露。（挽方爾止）

村村稻苗今安在？川飛湖倒接大海。（隄決詩之一）

有書有子願已足，翁不痛飲胡爲哉？（勸酒歌，贈喬功偕）

子不生今日，子身安肯賤？子不至今日，子詩安得善？（對雪選鴻寶詩）

詩詞中的設問句，常是關鍵語，用得恰當，可托襯纏綿委曲的情懷。不過有些設問語，是不需要答案的，縱然有答案，也要答得含糊，不須老實。就像吳嘉紀，好多問話，是無語問蒼天，是一種無奈，一種痴問，其實答案已在自己心中。

七、排比

東家貰醪，西家割彘。（臨場歌）

東郭踏死可憐兒，西鄰擄去如花女。（過兵行）

朝雨下，田中水深沒禾稼……。暮下雨，富兒漉酒聚儔侶……。雨不休，暑天天與富家秋……。雨益大，貧家未夕關門臥……。（朝雨下）

思君白匈時，骨肉多艱虞……。思君吳村時，水聲亂階除……。思君虎墩時，朝對一卷書……。思君欲喪時，危坐氈氍毹……。思君未喪時，遺我藥與醹……。（哭王太丹）

望君來，君未來，溝塍里巷歌聲哀。

望君來，來何遲，遠見琴鶴人色怡。（望君來）

望君來，君至止，稱詩説禮自今始。體仁不可死，白髮雙高堂……。體仁不可死，諸弟紛成行……。體仁不可死，弱女昨扶床……。體仁不可死，瓶中梅花香……。（哭王體仁）

去年當此日，君來扣我扉；今年當此日，君來別我歸。（送汪寧士）

爲君彈清琴，調苦未免旁人嘲。爲君歌白紵，曲長愁見東方高。（勸酒歌，爲汪季璨）

排比，乃連綴相似句型成連用句或段落式的相同句，目的在強化主題，使主題更爲浮現，氣氛更能烘托。吳嘉紀在長篇古體上常運用此手法，而頗見酣暢流利。

八、對句

見人浮鴈起，逆浪去船孤。（晚發甓社湖）

狎水沙鷗逸，憑風乳燕新。（汪持後過訪，時有豫章之游）

野荷入門長，隄柳向亭垂。（過桑園）

俗士羨逃世，高人偏入城。（偶歸東淘矛屋，寄楊蘭佩二首之二）

我矩人以圓，我鉤物偏直。（送郝羽吉）

時遭鄉里笑，懶扣諸侯門。（贈郡伯金長眞先生二首之一）

有裙羞向諸侯曳，有謀懶與親朋友説。（滄海故人行，贈吳雨臣）

棲雲林樹低，驚月鸛雛叫。（東淘雜詠·影山）

古樹經霜無碧葉，寒溪過市有清流。（落日）

遺病一籬菊，驅愁數卷書。（自題陋軒）

三客放漁船，七里訪柴丈。（同鴻寶、季康南梁重訪柴丈）

懸旆纏雲腳，悲笳裂石頭。（泊船觀音門十首之一）

奔流壓東海，啼眼暗西河。（歲暮送程梅憨歸潛口）

雨裡復煙裡，溪上兼舟上。（同鴻寶、季康南梁重訪柴丈）

壁老土柔力漸微，或傾或側紛狼籍。（破屋詩）

他鄉溝與壑，一步一回顧。（復洲田四首，與老友陳鴻烈之一）

霧出鹽場黑，潮翻海浦紅。（重寓六灶河聞鴈）

對仗，講求富麗整齊，除了字面上的對稱外，更重視意義上的排偶。上引對句，字面整齊，詞性相對，意境高遠，皆屬絕佳的對句。其中尤以「懸旆」、「奔流」二句，最具匠心。觀音門在南京，「石頭」爲金陵城名，與「雲腳」二字相對，貼切而巧妙。「啼眼暗西河」句，原詩有注云：「水災之後，余哭長子」，蓋取子夏喪子之故實，「東海」對「西河」，出乎自然，不加雕琢，頗見巧思。

九、疊字

聞道沿江防敵兵，造船日夜聲丁丁。（鄰翁行）
高塍流細泉，湖草碧芊芊。（城北汎舟）
細苔冉冉終日溼，古樹森森兩崖大。（送汪三楫遊攝山）
茫茫潮汐中，矾矾沙隄起。（范公堤）
野霜叢森森，水月碧靄靄。（竹園）
悽悽秦聲，烈烈壯心。（題孫豹人撫琴圖）
荒荒瀕海岸，役役煎鹽氓。（德政詩五首，爲泰州分司汪公賦之一）
海色昏昏啼怪鳥，榛聲獵獵起悲風。（贈張蔚生先生之三）
故林望不見，葭菼暮蒼蒼。（宿白米村）
湯湯黃河水，泥沙混濛濛。（送吳後莊歸灣沚）
酒熟秋氣佳，黃花秀挺挺。（遣興之七）
往來與樵牧，款款故鄉情。（送吳冠五還屯谿）
雨晴宿霧斂，海岸曠兀兀。（傷哉行）
汝放扁舟去懷古，白門秋柳正蕭蕭。（送吳仁趾）
夜半急雨來，驚鴻聲啾啾。（懷汪二）
草枯風瑟瑟，往來走驛馬。（隄上行）

渡江吾遲遲，回首淚霑臆。（過鍾山下）

人家隱隱暮春遠，楊柳翛翛燈火多。（白塔河）

疊字多用在描摹事物，以增加詩文的渲染力。吳嘉紀喜用疊字，以上所引，僅十之一、二而已。或用在句首，或用在句中，或用在句尾，使原本平淡無奇的句子，變得意味生動，別有境界，彷彿其聲可聞，其狀可見。

十、語　助

依然是負米，勉矣宦遊人！（送汪左嚴之太湖教諭任）

悲哉壯士軀，用以求衣食。（留別王黃湄）

論文與析疑，兄弟即友生。（偶歸東淘茅屋，寄楊蘭佩二首之二）

起抱籬邊菊，言歸廡下軒。（移菊復歸陋軒，喜戴岳子過訪）

城土只今尚壘壘，吁嗟人事一朝改。（海安鎮）

身暇乃知靜，城中如遠村。（吳陵午日寓袁家庵作）

此生徒有恨，明日尚無聞。（丙申除夕）

豹人生也獨不辰，天地兵荒二十春。（贈孫八豹人）

鄉愁隨處少，況乃值桃花。（送吳仁趾）

多少繁華今已矣，西風吹老木芙蓉。（登觀音閣）

到家樹植了，斟酌興悠哉！（別徐大次源歸陋軒，時贈了腊酒園梅）

惜哉廡下人，阻絕雲山外。（歲暮送汪舟次遊匡廬）

吁嗟和氏玉，數獻無相識。（懷汪二）

嗚呼甲申歲，兄禍生倉卒。（辛亥孟夏二十八日，三兄嘉經歸葬東淘）

吳嘉紀詩中好用感喟、語助，常於起結對偶處，以語助足湊成句，有的用得靈活，表現其轉折自由的技巧；有的則用得冗沓支離，有悶塞之感。

十一、以文入詩

微笑謂家人：「户外寒方始，且留此隙地，以待春風起，我自荷一鋤，種菜柴門裡。」（吾廬）

稻粱亦已穫，婦子亦已閒，正好騎牛與艇，江北江南獨往還。（題戴岳子深秋圖）

出不可，處不可，嵬嵬一老，不死復安之？（嗟老翁）

太息維何？他人有父母，我兄弟亦人，命運獨罹愁苦！（傅谿孤子行，追挽徐鏡如處士）

葬師語我曰，三月廿二吉，汝其亟爲櫬，時哉不可失。（傷哉行之四）

二兄呼五弟：「荷鋤隨我發！爾我將老死，應收三弟骨。」（辛亥孟夏二十八日，三兄嘉經歸葬東淘）

葭蘆可以栖，鴈鶩可以儔。機慮澹已盡，餘生復何求？（贈程隱菴）

公偕老友，坐澗石，弄松雲，吟嘯不知還。（悲髯公）

未幾程郎病，書來自維揚。我走冰雪中，遠去爲治喪。記得君送我，西風淚浪浪。去此曾幾時，君又忽云亡！（哭王體仁）

吳嘉紀寫詩，表現極度的自由。在句式上，三、五、七言，隨意雜用，並採散文句法入詩，不受傳統格律的束縛。吳嘉紀在詩中，屢次提及韓愈，並有效法之意，退之「以文爲詩」，嘉紀當亦受到不少影響。

十二、節奏、用韻

嘉紀工於音律，其詩之節奏、用韻表現靈活，頗能傳達聲情。

如〈臨場歌〉，整首爲四字句，詩一開頭，曰「掾財隸狼，新例臨場，十日東淘，五日南梁。趨役少遲，場吏大怒，騎馬入草，鞭出灶戶……」（全詩見前引），音節簡短而急促，將吏役騎著馬進入草田，任意踐踏，追打鞭扑的情狀，一一躍然紙上。全詩用字精練，音節沉鬱頓挫，四句一轉韻，四句表達一層意思，層層緊扣，氣勢強勁迫促，讀之令人有窒息感，而語意的憤激也自然流瀉言詞外。

又如〈朝雨下〉，以「朝雨下，田中水深沒禾稼……暮下雨，富兒漉酒聚儔侶……雨不休，暑天天與富家秋……雨益大，貧家未夕關門臥……」四段排比敘事，貫串全詩。每小段一韻，皆以三字句起，音韻和諧，節奏明快。三字句後，接以較舒緩的七言律句，或不用律句，全詩一氣呵成，雖未以「歌」、「行」名篇，卻頗有歌行格調。

讀嘉紀憤激不平的詩歌，令人悲慨幽咽。如〈逋鹽錢逃至六灶河作〉之十一：

氣臭行若飛，俗呼曰鱉蝨。匾身藏木榻，穢種散書帙。齧人膏血飽，伺夜昏黑出。拙哉一愁人，於此來抱膝。啽囈羨僮僕，爬搔增老疾。何能久食渠？海岸望朝日。（註三〇）

以上「蝨」、「帙」、「出」、「膝」、「疾」、「日」等字爲韻腳，全詩自首至尾，押入聲質韻，以急促聲調，勾畫卑下齷齪的臭虫（塩商）形象，忿慨之情溢於言表。

至於送給好友的贈歌，又是另一番激揚宏亮的聲調。如〈讀印人傳，作歌贈周金谿先生〉：

千餘年來尚楷書，篆體唯憑印信傳。秦章漢璽苦難遘，時俗臆見空拘牽。一從近代有文何，朗如雲盡窺青天。鈍鐵在手代毛穎，象牙棗木失其堅。肥不喪眞瘦不枯，龍搏鵠峙相糾纏。慧心漸次趨簡便，磊磊石塊採青田。坑凍柔澤如可食，燈光出土珊瑚鮮。海內繼起日稍稍，新安梁谿尤多賢。金谿先生最嗜此，高手到處與往還。錦纏帕覆隨出入，宦遊載滿煙波船。斯道彰明五十載，金谿實爲風氣先。只今能事復誰數？老成強半歸重泉。不憚苦心訪遺蹟，肯教絕技同寒煙。生者死者爲作傳，印人一一在眼前。異哉吾鄉黃濟叔，蓬蒿中挺孤芳荃，深心厚蓄流精光，意所欲到手已然。諸家豈不各稱善，濟叔兼之無愧焉！如皋丘墓松楸護，賴古文章星斗懸。誰知黃也身存日，姓字不出鄉閭邊。若非遭遇周夫子，懷瑾握瑜祇自憐！（註三一）

以上「傳」、「牽」、「天」、「堅」、「纏」、「便」、「田」、「鮮」、「賢」、「還」、「船」、「先」、「泉」、「煙」、「前」、「荃」、「然」、「焉」、「懸」、「邊」、「憐」等字爲韻腳，均屬平聲先韻。全詩四十句，一韻到底，未見換韻，昂揚的先韻，代表著對好友的推崇、頌贊。

吳嘉紀的古詩及敘事長詩，亦有錯綜使用通韻或換韻的情形。如〈朝雨下〉，用禡箇通轉、語麌通轉，並換用尤韻、紙韻。又如〈李家孃〉，全詩六十四句，用了屑韻、有韻、陽韻、灰韻、東韻、冬韻、庚韻、尤韻、語韻、麌韻等韻，以便於驅馳筆墨，淋漓敘事。

總之，吳嘉紀頗能以節奏、韻腳，表現聲情之美，而詩意，詩境又能藉聲情之美，得以彰顯。

【附註】

註　一：《詩集》卷二，頁一三七。
註　二：《詩集》卷七，頁四一八。
註　三：《詩集》卷十一，頁三二七。
註　四：《詩集》卷三，頁一六六。
註　五：《詩集》卷十一，頁五八八。
註　六：《詩集》卷十二，頁六五四。

註 七：楊積慶：《吳嘉紀詩箋校》，卷十五，頁四三七。
註 八：《詩集》卷十一，頁六〇四至六〇五。
註 九：《陋軒詩續》卷下，《詩集》頁七六六。
註一〇：周亮工：《尺牘新鈔》，卷十二，頁三〇八。
註一一：《詩集》頁九。
註一二：楊積慶：《吳嘉紀詩箋校》，〈附錄六〉，頁五一四。
註一三：見汪楫〈陋軒詩序〉，《詩集》頁四。
註一四：楊積慶：《吳嘉紀詩箋校》，〈附錄〉六，頁五一三。
註一五：〈吳處士墓誌〉，《詩集》頁七一〇。
註一六：〈客中苦熱寄懷吳賓賢〉，《溉堂續集》，卷一，頁四。
註一七：《退庵筆記》，卷八，頁三。
註一八：《海天琴思續錄》，卷六，頁三八九。
註一九：《洪北江詩文集》，〈更生齋詩〉，卷二，頁一四。
註二〇：卷六，頁一二二。
註二一：《清詩話續編》，頁一八三六。
註二二：以上引文並見卷四，頁九七。

註二三：《清詩話續編》，卷四，頁二〇五六。
註二四：楊積慶：《吳嘉紀詩箋校》，卷十五，頁四四五。
註二五：《詩集》卷十三，頁三七六。
註二六：《詩集》卷九，頁四八六。
註二七：楊際昌《國朝詩話》卷二評語，見《清詩話續編》，頁一六九六。
註二八：卷六，頁一二六。
註二九：《詩集》卷七，頁四〇九。
註三〇：《詩集》卷十，頁五三八至五三九。
註三一：《詩集》卷六，頁三四二至三四三。

第七章　吳嘉紀詩歌的地位與評價

自周亮工梓《陋軒詩》行世，嘉紀詩名不脛而走。其後復經王士禎極力延譽，更是聲名大噪。

嘉紀生前，作品已被選家采入。〈寄答席允叔〉之二云：「嘯咏如今已白頭，賞音人遇葦花洲。滄浪銷我盡，一曲漁歌涕泗流。」詩末自注云：「允叔選時賢詩，采及拙作。」（註一）席允叔爲席居中，選有《昭代詩存》。《陋軒詩》當時流傳的情形，從嘉紀的詩作中即可見一斑。〈送汪梅坡，兼寄悔齋、蛟門〉詩，有云：「門庭自絕親朋跡，詩句偏傳道路口」，又云：「道路何人？鸛鳴谿曙，懷我新詩攬衣去。」（註二）汪楫〈陋軒詩爲吳埜人賦〉云：「高士生窮海，結廬蘆葦前。人過元旦節，門閉甲申歲。野水月浮白，瓦苔青接天。徒勞吳楚客，詩句競相傳。」（註三）孫枝蔚〈過安豐鹽場作〉：「我自攜琴東海濱，相逢半是賣鹽人；論詩近有吳生好，三十場中一隱淪。」吳生，指吳嘉紀，由此詩可知嘉紀的詩歌傳入鹽民的口碑。（註四）吳寅〈哭吳野人先生〉云：「東淘凶問至，竟夕雨瀟瀟。肺病何時劇？詩魂不可搖。日暄新草木，月冷舊溪橋；今日鄰翁碾，還歌野叟謠？」（註五）野叟，指吳野人，意謂嘉紀是平民的知音，他們的代言人。

清初，吳嘉紀的詩流傳很廣，選詩家無不采入。如朱彝尊《明詩綜》、鄭方坤《國朝名家詩鈔小傳》、沈德潛《清詩別裁》、陳田《明詩記事》、王相《國初十大家詩鈔》、王士禎《漁洋山人感舊集》、卓爾堪《明末四百家遺民詩》均選有吳詩，其中鄭氏《詩鈔小傳》，選有六十餘首，爲選集中詩最多的詩人。

第一節　清代詩家的肯定

清初以還，各家對吳詩的品題甚多，給予的評價亦甚高。與他同時的汪懋麟對他的詩，有詳盡的評論：

大抵四、五言古詩，原本陶潛、王粲、劉楨、阮籍、陳子昂、杜甫之間；七言古詩，渾融少陵，出入王建、張籍；五、七言古體，幽峭冷逸，有王、孟、錢劉諸家之致，自脱拘束。至於所爲今樂府諸篇，即事寫情，變化漢魏，痛鬱朴遠，自爲一家言。（註六）

汪氏於嘉紀，知之深，言之切。誠如上引，吳詩「自爲一家言」，不論出入何人，不得指爲何代何體，要自「成其爲野人之詩而已」（註七）

《清詩別裁》將嘉紀與王士禎並論，曰：

漁洋詩以學問勝，運用典實，而胸有鑪冶，故多多益善，而不見痕跡。陋軒詩以性情勝，不須

典實，而胸無渣滓，語語眞樸，而越見空靈。」（註八）

洪亮吉〈論詩截句〉，將其與亭林並稱，謂：

偶然落墨竝天眞，前有寧人後野人，金石氣同薑桂氣，始知天壤兩遺民。（註九）

陳田《明詩紀事》則認爲嘉紀可與邢昉抗衡：

陋軒古詩，序事得之史公，沉痛得之少陵，五七律俊爽，亦不失爲元遺山，明末詩家，可與孟貞抗行。（註一〇）

陸鎣《問花樓詩話》，謂嘉紀爲一落拓布衣，不事聲華，評其詩曰：

余讀陋軒集，喜其孤懷高寄。靜夜披讀，如對高僧，如聞異香。（註一一）

朱庭珍《筱園詩話》，稱嘉紀爲清朝四大布衣之一：

吳中布衣黃子雲，泰州布衣吳嘉紀，崑山布衣徐蘭，長洲布衣張錫祚，四人均負詩名，其詩卓然可傳，各成家數，可謂我朝四大布衣。（註一二）

林昌彝《海天琴思錄》將吳詩視爲天籟，認爲境界極高：

近代國初諸老詩，吳野人，天籟也；屈翁山、顧亭林，地賴也；吳梅村、王阮亭、朱竹垞，人籟也。（註一三）

徐世昌《晚晴簃詩匯》謂其詩以質樸取勝，爲邢昉之流：

國初詩家，有以質樸勝者，杜茶村、孫豹人及陋軒皆是。陋軒閉門覓句，絕依傍，謝文飾，戛

夏獨造，清曠道上，要不失爲邢石白、潘南村一流人。（註一四）

前引評述，或與個人私誼有關，或因鑑賞角度有別，雖論點各有不同，但都給予高度的肯定。

第二節　清代詩家的疵議

相對的，有些人在論其長處之餘，亦不免道其所短。如張謙宜《緄齋詩談》評論曰：

此君詩清眞恬淡是其所長，煅煉警拔是其所短。嘯咏草萊，自是逸品，一爲貴官獎拔，遂身入塵俗。志在籍資於人，面貌便非本色。五七言古深入人情處頗多，畢竟局面不大，勾勒尚欠精細，看古今名手，此等決不草草。又好傳割股等事，誤以陽明門下人作大儒，此則學問未深。大都是骨格不俗，一時出色。若涵養再深，好古極博，又當改觀。（註一五）

以上數則評論，涉及《陋軒詩》幾點爲後人疵議的地方：⑴、煅煉不夠警拔⑵、爲貴官獎掖後，漸失本色⑶、好傳割股等愚妄之事⑷、學問涵養未深。

陋軒詩眞率樸質，長於白描，唯部分詩句不免流於率易淺露，如「日黑燈新我再看，久之忽覺身上寒」（題壁上畫菊）、「俗客欲借觀，捶床罵不止」（沈簡文贈畫）、「一筐提戶裡，半畝是牆頭」（摘扁豆）、「閉窗生夜火，以酒厚人衣」（之三塘投宿子崔宅）、「落日不見人，隔水狗鳴吠」（憂來）、「人家門開鵝鴨歸，酒店月出藤蘿細」（青萍港）、「白鷺沙邊漫相訝，汝曹頭上也絲絲」（冶春絕句和王阮亭先生之一）等句，板實粗硬，無餘味可尋。然而，賦詩千篇，偶有不及鍛鍊，亦屬小疵，無足怪也。

吳嘉紀受知於汪楫、王士禎後，聲名大起，四方之士爭與之倡和。阮亭先生嘗戲謂舟次：「好一箇冰冷底吳野人，被君輩弄得火熱！」，又言其出游後，詩亦漸失本色，不終其爲魏野、楊朴。（註一六）有關此說，阮亭《分甘餘話》又一反前言，謂嘉紀與四方之士應酬唱和，「聲氣浸廣，篇什亦浸繁，然而寒瘦本色自在」，又云：「或有謂其詩品稍落，不終其爲魏野、楊朴者，似非篤論也。」（註一七）鄭方坤《國朝詩鈔小傳》爲其辯解云：

> 今取其集讀之，一卷冰雪文，澄敻獨絕。……且野人晚節，固大有聞於時，而篤行潛修，卒甘心窮餓以死，其品概何等？！（註一八）

夏荃《退菴筆記》亦爲打抱不平，謂：

> 蓬户朱門，塵土軒冕，野人有焉，尚得謂之漸失本色乎？若夫交游倡和，詩人所有事，孤冷如野人，詎能廢此？漁洋乃欲并絕其交游倡和，是何說乎？（註一九）

《陋軒詩》前集，多爲順治七年迄嘉紀謝世前的作品，而續集多爲順治初，與同里王太丹、王鴻寶、方麗祖、葉澹生諸詩老結社淘上的早期作品。前後對照，在風格氣味上並無顯著不同。只是續集爲未出游前之作品，文字較欠精粹，技巧較未開展罷了。

《陋軒詩集》中投贈應酬之作甚多，誠然是一弊病。作壽，哀挽、送別之詩，隨處可見，雖對象有郡伯、分司等地方長官，亦有負販肩挑等市井小民，然終究有「可以作，可以不作，則不作可也」（註二〇）之感。

嘉紀敍事詩中頗有一些頌揚義士、節婦、孝女、忠僕的作品。忠孝節義，爲吾國固有道德，嘉紀恐鄉里舊聞湮沒不傳，乃援筆記之，其諷俗箴世之用心，誠足嘉許。唯此類作品中，一再褒揚「割肉療親」之荒誕事，如新安汪孝婦割肉爲其翁治病、仲兄嘉紳之女刲股爲親療病、程飛濤兩次割股爲親人治病、義僕劉昇割肉事主等愚行，昧妄迷信，遺誤不淺，不值得鼓勵。

《鄭板橋全集、板橋自序》云：

> 板橋遊歷山水雖不多，亦不少；讀書雖不多，亦不少；結交天下通人名士雖不多，亦不少。

言下不勝自豪，而他批評吳嘉紀說：

> 陋軒詩最善說窮苦，惜其山水不多，接交不廣，華貴一無所有。所謂一家言，未可爲天下才也。（註二一）

嘉紀以一介寒士僻處海隅，囊底羞澀，無緣遊歷名山大川，行蹤所至，僅及揚州、鎮江、南京等地，見聞不廣，格局有限，亦是事實。山川，文思之奧府，嘉紀閉門苦吟，未得煙霞山水之助，是一大憾事。嘉紀未遇阮亭前，窮處陋巷，不交當世。其後阮亭雪夜酌酒序詩，聲名漸起，遂與四方之士觴咏倡和。周旋既久，交接日廣，視野亦漸次開闊。不過終究是無名位之人，加以性情狷介，交遊依然有限，所受的濡沫薰染仍嫌不多。

嘉紀年少時，家中富藏書。鼎革之際，產業破盡，為維持生計，不得已以書換取饔餐，甚至於無力祭祀母親時，逼得去賣書購辦供品；濱海幾次大水患，巨浪捲走架上的餘書，晚年陪伴他的只是「遺病一籬菊，驅愁數卷書」。祖先的藏書，毀於戰火、毀於貧窮、毀於水患，到後來所存無幾，以致嘉紀未能博極群書，好古敏求。覘齋譏其「學問未深」、未能「好古極博」，實亦時也、命也。

清詩話《然鐙記聞》有云：「為詩須要多讀書，以養其氣；多歷名山大川，以擴其眼界；宜多親名師益友，以充其識見。」（註二二二）綜觀嘉紀一生，艱苦備嘗，詩中嗟老嘆貧，在所難免。屈大均曰：「東淘詩太苦，總作斷腸聲。」（註二二三），程士椷曰：「其詩幽冷淒清，如蟬嘶雁唳。」（註二二四），皆因客觀環境使然。前人指稱吳詩之弊病，非關才情，緣於後天陶鎔不足，涵養未深，以致未見雍容明潤的氣度。

第三節　近人的評論

吳嘉紀終身未仕，死後子孫又無聞，故其聲名倏起倏滅，不若其他大家流傳久遠。民國以還，《陋軒》詩名沉寂，談論者不多。然亦有以下數家，給予極高的評價。

一

傅庚生《中國文學欣賞舉隅》盛稱《陋軒詩》，書中引吳詩爲例，並賞譽之者有四：〈眞情與興會〉一章，引嘉紀〈詠新僕〉詩：

語少身初賤，魂傷家驟離，飢寒今已免，力役竟忘疲。長者親難浹，新名答尚疑。猶然是人子，過小莫輕笞。

《清詩別裁》沈德潛評曰：「一結仁人之言，藹然動聽」，傅氏再闡明曰：「此雖不過推衍淵明『此亦人子也，可善遇之』之意，然亦宅心仁厚，出語不見勉強，故仍能動人。」（註二五）

同章又引〈挽鮑念齋〉詩：

獨遘傷心禍，應爲早死人。魂招衣當骨，淚盡子隨親。孤稚遺天末，三棺客海濱。手栽原上樹，黳黳野陰新。

傅氏曰：「此詩亦不過慷他人之慨，然能以眞情臨之，視板橋之作意保人孤墳者，滋味自不同矣。」（註二六）傅氏所謂「板橋作意保人孤墳者」，指〈焦山雙峰閣寄舍弟墨書〉中，曾提及其先君欲買墓田一塊，因有無主孤墳一座，不忍掘人塚以自立其塚，板橋欲封金十二，買以作爲自身墓地，並留此孤墳，刻石示子孫：永永不廢。傅氏以爲板橋此舉露一番形跡，不若嘉紀情眞意摯。板橋當年，於嘉紀有「所謂一家言，未可爲天下才」之嘲，聞傅氏此語，不知作何感想？

同章又引〈送吳眘西歸長林〉詩四之二：

長林何處所？泉潔人秀峙。曖曖人煙際，灌木四五里。枝上老鴉多，春來各生子。子幼含哺勞，子大雌雄恃。恩勤雖已極，骨肉一巢裡。此時垂白母，望遠閭自倚。行路稍欲稀，夕陽半山紫。兒今遠歸來，無米親亦喜。

傳氏就《清詩別裁》沈德潛云：「末語，非至性人誰能道出？」，發明曰：「眞情生於至性，眞情之文成於至性之人。」，又曰：「性情醇厚，發爲文辭，乃有其動人之實。」（註二七）

〈聯想與比擬〉一章，引〈落葉〉詩：

枝上曾幾日，夜來秋已終。又隨天地意，亂下户庭中。不靜月斜處，偏驚頭白翁。何須怨搖落？多事是春風？

相傳此詩作於平山堂漁洋山人座上，至末二句，諸公擱筆矣（註二八）。《清詩別裁》沈德潛評曰：「小小題，傳出天運自然。不怨霜露，而怨春風；見盛之始，已伏衰之機也。小家但工刻劃，粗得形似而已。」傳氏進一層闡釋曰：

此詩之絕勝人處，正在聯想工夫。初見落葉，已想到葉茁於枝，繁榮滋長，自春徂秋，究曾幾日？……又聯想到或爲樹、或爲人均已不必怨葉之搖落，春秋代序，疇日春風吹拂，樹蔭漸茂，已兆此時秋風摧剪，葉落空庭，有生乃有死，與其怨死，何不怨生；與其怨秋風之無情，毋寧怪春風之多事也。此由落葉追溯到葉生，其所以爲神奇，皆聯想之工致有以足成。所謂「小家但

工刻畫，粗得形似」云者，其聯想力弱於此，只能刻畫眼前事實。（註二九）

二

謝國楨〈明末清初的學風〉一文，於「明末清初的學風在文學、藝術上的反映」一節，指出「那時的詩歌，大約可分爲兩派：一派是崇尚詞藻排偶，富麗堂皇，以錢謙益、吳偉業等爲其眉目。另一派是氣勢豪放或質樸無文，直抒胸懷，以閻爾梅、吳嘉紀、杜濬爲其代表作家。」（註三〇）

明末清初遺民的詩文集很多，謝氏認爲在清朝士大夫所落選或不敢選的明末遺民詩句中，很可以揭露當時社會上統治者壓迫人民的黑暗情況和作者寫詩的眞性情。（註三一）

他引述了《陋軒詩》咏灶戶的〈絕句〉——「白頭灶戶低草房，六月煎鹽烈火旁」，又摘錄〈逋鹽錢逃至六灶河作〉之二——「稱貸鹽賈錢，三月五倍利」，說明江淮漁民灶戶所受到的痛苦，及鹽商拿高利貸壓榨灶戶的情形。謝氏評論說，嘉紀以樸素的筆墨，來描寫灶戶的痛苦，比敷粉揉朱的詩句要眞實的多。（註三二）

另外，他又引述了〈過兵行〉——「揚州城外遺民哭，遺民一半無足」，來說明詩人譴責清政府殺戮橫暴的情況。

他認爲當時一些手無尺鐵、無權無勢的文人，都想拿起一支禿筆，寫盡人間不平事，借以振聾起憒，喚醒群衆。謝氏以一史學家，來論文學，所取的角度，很値得參攷。

三

近人錢仲聯編有《清詩紀事》，搜存有清一代詩歌文獻，所收作家達五千餘人。

錢氏著有《夢苕盦詩話》，對《陋軒詩》多所評論，其見解多已收錄於《清詩紀事．明遺民卷》吳嘉紀詩歌總論中（註三三），茲不一一贅引。

錢氏另有〈三百年來江蘇的古典詩歌〉專論，其中「遺民詩人」一節，主要介紹崑山顧炎武與泰州吳嘉紀。文中提到清人沈德潛、潘德輿都給予嘉紀很高的評價。他說嘉紀對下層被壓迫的人民，生活既相近，也有深厚的同情，因此，「反映民生疾苦」，就成爲《陋軒詩》的主題。

他舉出〈臨場歌〉、〈翁履冰行〉、〈江邊行〉、〈海潮嘆〉、〈難婦行〉、〈東家行〉、〈糧船婦〉、〈打鱘魚〉、〈王解子夫婦〉等篇，都是被壓迫人民的血淚史。如〈挽饒母〉、〈李家娘〉、〈一錢行〉、〈嗟老翁〉等篇，有的寫揚州十日的慘劇，有的歌頌堅持民族氣節的人物。而如〈辛亥孟夏二十八日三兄嘉經歸葬東淘〉、〈內人生日〉、〈稅完〉、〈歸東淘答汪三韓過訪〉、〈隄決行〉、〈逋鹽錢逃至六灶河〉、〈我昔〉等篇，則是寫個人身世。

錢氏說：「這些詩篇，風格上都是清眞樸老，純用白描，不施一毫粉澤，不用一個典故。比之於以用典擅場的顧炎武詩，可以說是各有千秋。」他認爲明遺民詩人中，嘉紀的風格接近高淳邢昉。（註三四）

【附註】

註一：《詩集》卷十，頁五六〇。

註二：《詩集》卷九，頁五一四。

註三：《悔齋詩》，清大業堂手抄本，未標頁數。

註四：參見趙伯英：〈諷詠見哀怨，總作斷腸聲——試論陋軒詩的眞樸〉，《鹽城師專學報》，一九八四年，第三期，頁二六。

註五：楊積慶：《吳嘉紀詩箋校》，〈附錄〉七，頁五四二。

註六：《詩集》頁一七。

註七：吳周祚：〈陋軒詩序〉，《詩集》頁二六。

註八：卷六，頁一二二。

註九：〈論詩截句〉二十首之一，《洪北江詩文集》，〈更生齋詩〉，卷二，頁一四。

註一〇：《明代傳記叢刊》本，台北：明文書局，辛籤，卷十，頁〇一五一—六二〇。

註一一：《清詩話續編》卷三，頁二三二五。

註一二：《清詩話續編》卷二，頁二三七二。

註一三：卷六，頁一五五。

註一四：卷十六，頁四四三。

註一五：《清詩話續編》卷七，〈評論四〉，頁八八四。
註一六：鄭方坤：〈陋軒詩鈔小傳〉，《清朝名家詩鈔小傳》，《清代傳記叢刊》本，台北：明文書局，頁〇二四—二二七。
註一七：楊積慶：《吳嘉紀詩箋校》，〈附錄〉六，頁五一四。
註一八：同注一六。
註一九：卷八，頁四。
註二〇：洪亮吉：《北江詩話》，卷四，頁一四七。
註二一：《鄭板橋全集》，〈補遺〉，頁一七。
註二二：《然鐙記聞》第一六條，《清詩話》，台北：明倫出版社，頁一二〇。
註二三：〈讀吳野人東淘集〉，《翁山詩外》，卷八，頁五二。
註二四：〈石桴詩鈔序〉，引自錢仲聯：《清詩紀事》，明遺民卷，頁五九四。
註二五：頁九。
註二六：頁一〇。
註二七：頁一三。
註二八：楊積慶：《吳嘉紀詩箋校》所引汪鋆批注語，卷一，頁一一。
註二九：頁六〇至六一。

註三〇：頁四九。

註三一：頁五一。

註三二：頁五二。

註三三：頁五九七至五九八。

註三四：《夢苕盦論集》，頁二三九。

結　論

有清一代，詩歌的創作，繼唐宋之後，復呈中興的局面。從清兵入關，到明亡後的二、三十年，爲數可觀的遺民詩，把順、康兩朝，推至北宋以來從未有的高峰期。

其時，重要詩人，如顧炎武、閻爾梅、錢秉鐙、吳嘉紀、屈大均、杜濬、邢昉等，都生長於動盪的歲月，經歷了時代的顛沛。他們的詩，在反映民生疾苦上，都有相當的深度與廣度。

吳嘉紀生於明季，兵戈消盡了他的盛年。胡人鐵騎南下，四鎭擁兵爭地，江北一帶被踐踏如泥。喪亂過後，產業盡毀，衣食無著。以一個貧苦的知識分子，放身市井，促使他深入觀察低層民衆的生活與心境。他目睹了煮海之民，守著熬鹽的牢盆，揮汗如漿；也目睹了水患過後，流民四出乞食；而貪婪橫暴的官吏，還要追呼鞭笞，吸吮他們的膏血。他個人也一貧徹骨，飽受凍餒，在妻兒啼飢號寒之餘，借貸難償，被鹽賈票商逼得藏匿草蕩，幾瀕於死亡。他的詩流洩著一股不平之氣，語意憤激，沉痛至極。詩中的意境，不是名公鉅卿所能理解，也不是溫柔敦厚的詩教所能束縛。

吳嘉紀的詩，宛如一幅幅活脫如生的民俗畫。在刻畫人物上，逼眞傳神；在咏物敘事上，具體而生動；在寫景上，淡淡幾筆，即能翦出一幅小影。他跨越了知識分子與鄉野小民的鴻溝，筆鋒過處，細膩地掃瞄了當時社會的風貌。

他有些文字，乍看直野粗放，須再作咀嚼，方得其味。蓋厄運危時，鼓蕩內在眞氣，常不假推敲，即脫口而出，也唯其眞率，所以動人。對於勞苦的族群，他寄予無限同情，爲他們的不平吶喊。他的詩，須用「心」去讀，才能發現在冰冷字句的背後，是一顆熾熱悲憫的心！

吳嘉紀的詩，幾經刊刻，自清初至民國，題辭作序者，不下二十餘人，詩評家也都給予極高的評價。周亮工甚至稱：「國朝詩推寧人，野人二家。」（註一）沈德潛把他與王士禎相提並論。持平而論，就如《晚晴簃詩匯》所言：「與亭林並論，未免推崇稍過」（註二），亦如《文獻徵存錄》所云：「野人詩自可傳，必謂方駕阮亭，毋乃過情之譽耶？」（註三）。對於吳嘉紀，後人毋須過譽溢美，只是比起同時期的作家，他將當時的社會現象，經一番提煉、剪裁，烘托得更具體、更鮮明，其感染力的強烈，不容輕視。稍晚於他的沙張白，同樣擅長新樂府，並多方揭露社會的黑暗與反映民間疾苦。晚清時期，鄭珍子尹，風格奇崛，多指陳生民之病，抨擊官吏暴行；金和弓叔，以文爲詩，痛抒民族屈辱、兵吏腐敗；此一路發展的詩風，吳嘉紀可謂開其先河。

吳嘉紀身後，詩名時顯時晦，不過他的詩卻展現了無比的影響力。清季東台袁承業《王心齋弟子師承表》曾提到：「純廟（清高宗）讀『白頭灶戶低草房』絕句詩，發國帑恤灶。同郡阮文達奏入國史館文苑列傳。」（註四）一介布衣心聲，竟能上達天聽，震動聖明，當非嘉紀始料所及。吳嘉紀的詩，多寫低層民衆生活，並未論及軍國大事，亦無涉帝王將相，而能列名國史文苑傳，也可稱是個異數。吳嘉紀死後三百年，張謇實施鹽墾，憫窮灶戶「以最薄之値，任人以最苦之役」（註五），乃將海岸內陸開墾爲棉田，使一部分煎丁改歸農業，南通自述受〈絕句〉詩感動甚深。（註六）〈絕句〉詩，寥寥二十八字，膾炙人口，流傳久遠，嘉紀當可引慰九泉矣！

歷來中國文人多隱逸於山林田園，吳嘉紀則避世於鹽場，翻開他的詩集，不是一般人習見的疊嶂林鳥，而是蘆蕩野梟；也不是禾畦麥隴，而是鹵池灰汁；處處都給人耳目一新的悸動。清初文網嚴密，《陋軒》雖詩刊禁目，幸未化作劫灰。固然，吳嘉紀的詩有它的侷限性，它所描述的只是蘇北濱海一隅的鹽民生活，未能上窺康熙盛世的全貌。但這也正是它的特色，是類題材在他人詩集中極爲罕見。嘉紀不粉飾太平，他把當時社會的眞象，忠實的記錄下來，保存了珍貴的資料。誠如鄧之誠《清詩紀事初編序》所云：「書史但稱一時之盛，民生疾苦不能盡知。唯詩人咏歎，時一流露，讀其詩而時事大略可睹。」（註七）《陋軒詩》爲這一段話，作了最佳的詮釋。

【附註】

註　一：陸鎣：《問花樓詩話》，《清詩話續編》本，台北：木鐸出版社，卷三，頁二三一五。又汪楫〈陋軒詩序〉，甚且稱：「周櫟園先生在廣陵，見野人詩，推爲近代第一。」見《詩集》，頁五。

註　二：卷十六，頁四四三。

註　三：卷十，頁六六五。

註　四：楊積慶：《吳嘉紀詩箋校》，〈附錄〉五，頁五一一。

註　五：《張季子九錄．實業錄》，卷十七，頁九七九。

註　六：蔡觀明：《吳嘉紀年譜》，〈簡評〉，頁三一。

註　七：《清詩紀事初編》，頁三。

參考書目舉要

一

陋軒詩集　吳嘉紀　道光二十年泰州夏氏藏版　文海出版社影印本　五五年
陋軒詩　吳嘉紀　康熙十八年泰州汪懋麟玉蘭堂刊本　台大研究圖書館藏
陋軒詩　吳嘉紀　民國五年丹徒楊氏絕妙好辭齋刊本　中央研究院歷史語言研究所藏
吳嘉紀詩箋校　吳嘉紀著、楊積慶箋校　上海古籍出版社　一九八〇年
吳嘉紀年譜　蔡觀明　北京圖書館藏油印本　一九六四年

二

悔齋詩　汪楫　清大業堂鈔本　中央圖書館藏
漑堂全集　孫枝蔚　上海古籍出版社　一九七九年
賴古堂集　周亮工　上海古籍出版社　一九七九年

嶔山集　方文　上海古籍出版社　一九七九年
百尺梧桐閣集　汪懋麟　上海古籍出版社　一九七九年
湖海樓詩藁　陳維崧　叢書集成續編一七三冊　新文豐出版公司　七八年
鄭板橋集　鄭燮　上海古籍出版社　一九八二年
居易錄　王士禎　筆記小說大觀十五編　新興書局　六六年
分甘餘話　王士禎　筆記小說大觀三十九編　新興書局　七四年
漁洋精華錄集注　王士禎著　惠棟、金榮注　齊魯書社　一九九二年
漁洋山人感舊集　王士禎　明文書局　七四年
翁山詩外　屈大均　宣統庚戌校刊本　國學扶輪社印
定峰詩鈔　沙張白　叢書集成續編一七三冊　新文豐出版公司　七八年
尺牘新鈔　周亮工　叢書集成新編八九冊　新文豐出版公司　七五年
洪北江詩文集　洪亮吉　商務印書館四部叢刊本　六八年
明詩紀事　陳田　歷代詩史長編十四種　鼎文書局　六〇年
清詩別裁　沈德潛　商務印書館　六七年
履園叢話　錢泳　明文書局　七五年
退庵筆記　夏荃　文海出版社　七三年

雪橋詩話　楊鍾羲　歷代詩史長編十七種　鼎文書局　六〇年
海天琴思錄　林昌彝　上海古籍出版社　一九八八年
四庫全書總目提要　紀昀　商務印書館　六〇年
晚晴簃詩匯　徐世昌　世界書局　五〇年
清稗類鈔　徐珂　北京中華書局　一九八四年
清詩話　丁福保　明倫出版社　六〇年
清詩話續編　郭紹虞　木鐸出版社　七二年
清詩紀事初編　鄧之誠　鼎文書局　六〇年
清詩紀事　錢仲聯　江蘇古籍出版社　一九八七年
中國文學欣賞舉隅　傅庚生　地平線出版社　五九年
清詩評註　王文濡　老古出版社　六七年
中國文學史　游國恩　五南圖書出版社　七九年
夢苕盦論集　錢仲聯　北京新華書店　一九九三年

三

清朝通志　清高宗敕撰　新興書局　四八年

清世祖實錄　杜立德　華文書局　五三年
清聖祖實錄　朱軾　華文書局　五三年
清史稿校注　趙爾巽撰　國史館校注　國史館編印　七五年
清史稿列傳　趙爾巽　明文書局　七五年
清史列傳　清國史館編　明文書局　七五年
康熙政要　章梫　華文書局　五三年
康熙兩淮鹽法志　謝開寵　學生書局　五三年
康熙揚州府志　雷應元　康熙三年刊影本　中央圖書館藏
嘉慶東臺縣志　周右修、蔡復平纂　成文出版社　五九年
閱世編　葉夢珠　木鐸出版社　七一年
文獻徵存錄　錢林　明文書局　七四年
國朝詩人徵略　張維屏　明文書局　七四年
國朝耆獻類徵初編　李桓　明文書局　七四年
清朝名家詩鈔小傳　鄭方坤　明文書局　七四年
今世說　王晫　明文書局　七四年
新世說　易宗夔　明文書局　七四年

張季子九錄　張謇著　張怡祖編　文海出版社　七三年
清代文字獄檔第二輯　文獻館編　華文書局　五三年
清代禁燬書目研究　吳哲夫　嘉新研究論文一六四種　五八年
南明史略　謝國楨　上海人民出版社　一九五七年
清代的鹽政與鹽稅　陳鋒　中州古籍出版社　一九八八年
明末清初的學風　謝國楨　仲信出版社
清代史　孟森　正中書局　七二年
清史述論　孫甄陶　九思出版公司　六七年
中國哲學史　勞思光　三民書局　七〇年

四

泰州學派對晚明文學風氣的影響　周志文　台大六九年中文研究所碩士論文
中國敘事詩研究　吳國榮　文大七四年中文研究所碩士論文
清詩汎論　黃天石　文學世界　五〇年夏季號
清代文學與清代詩　張維翰　中華詩學一卷二期　五八年七月
屈翁山詠史詩試解　嚴志雄　大陸雜誌　八四期　八一年一月

愛國詩人吳嘉紀　汪國璠　文學遺產增刊第七輯　一九五九年十二月
吳嘉紀的鹽場今樂府　汪國璠　江海學刊　一九六二年一期
讀吳嘉紀的陋軒詩及陋軒詩抄本　夏靜岩　光明日報一九六二年一月三〇日
讀吳嘉紀的陋軒詩及陋軒詩抄本（續）　夏靜岩　光明日報　一九六二年一〇月七日
有關吳嘉紀的二三事　楊積慶　江海學刊　一九六二年九期
讀吳嘉紀詩札記之二——入清後的思想演變及其原因　陳鈞　鹽城教育學院學刊　一九八九年四期
諷詠見哀怨，總作斷腸聲——試論陋軒詩的眞樸　趙伯英　鹽城師專學報　一九八四年三期
關于〈陋軒詩選稿本通信〉的通信　楊積慶　群衆論叢　一九八〇年四期
略論吳嘉紀的詩　趙永紀　蘇州大學學報　一九八七年四期